Réflexe CAP

Vie sociale et professionnelle

Claudine Fourgous
Jacqueline Oustalniol
Blandine Savignac
Catherine Sorin

Nathan
TECHNIQUE

Sommaire

Édition : Marion de La Monneraye
Coordination artistique : Évelyn Audureau
Fabrication : Maria Pauliat

Illustrations : Hubert Blatz / Suka 22
Conception intérieure : Favre & Lhaïk
Conception couverture : Killiwatch
Mise en pages : CGI

1 La formation professionnelle initiale

La formation professionnelle initiale permet à des jeunes sortant de la classe de 3e de préparer des diplômes professionnels tels que CAP, BEP et baccalauréat professionnel.

> MOTS CLÉS : *qualification, contrat, signature, convention.*

1 Les diplômes

Les diplômes donnent une qualification professionnelle. Ils sont classés par niveau :
– CAP, BEP : niveau V ;
– brevet professionnel, baccalauréat professionnel : niveau IV ;
– BTS : niveau III.

2 Le cursus de formation

Les diplômes professionnels peuvent se préparer :
– par la voie scolaire, dans les lycées professionnels ou technologiques ;
– par la voie de l'alternance, sous contrat d'apprentissage ou de qualification. La formation est alors dispensée, d'une part, dans l'entreprise, d'autre part, dans un centre de formation, par exemple un CFA (centre de formation d'apprentis).

3 Le statut des personnes en formation

Les élèves de lycées professionnels ou technologiques conservent leur statut d'élèves durant les périodes de formation en entreprise. Les jeunes sous contrat d'apprentissage ou de qualification ont un statut de salariés : ils sont salariés de l'entreprise avec laquelle ils ont signé leur contrat.

La convention de période de formation en entreprise et le contrat d'apprentissage

	Convention de formation (PFE)	Contrat d'apprentissage
Public visé	Élèves de lycées professionnels ou technologiques	Jeunes de 16 à 25 ans
Parties signataires	Le proviseur du lycée et le chef d'entreprise	Le chef d'entreprise et l'apprenti ou son représentant légal s'il est mineur
Durée	Elle varie avec le règlement de l'examen concerné : 6 à 22 semaines	Le contrat a généralement une durée de 2 ans. Il peut varier de 1 à 3 ans
Rémunération	L'élève ne perçoit pas de salaire mais, dans certains cas, une gratification	L'apprenti a un salaire fixé par la loi en fonction de l'âge et de l'année de formation
Droits et obligations des parties	L'employeur doit confier à l'élève des activités conformes à l'annexe pédagogique. L'élève doit respecter en tous points le règlement de l'entreprise	L'employeur doit confier à l'apprenti des tâches en rapport avec le diplôme du contrat L'apprenti doit respecter le temps à passer dans l'entreprise, au CFA et se présenter à l'examen

2 La formation continue

La formation continue s'adresse aux salariés. Elle est inscrite dans le Code du travail. Elle permet d'acquérir les mêmes diplômes professionnels que la formation initiale.

> MOTS CLÉS : *congé individuel de formation, validation des acquis de l' expérience, bilan de compétences.*

1 Le rôle de la formation continue

La formation continue permet aux salariés de poursuivre leur formation afin de se perfectionner, de s'adapter à des technologies nouvelles ou de changer de métier.
À titre individuel, un salarié peut demander à bénéficier d'un congé individuel de formation (CIF) pour suivre une formation que l'entreprise ne propose pas ou pour préparer un examen. L'obtention de ce congé obéit à une réglementation très précise.

2 Les organismes qui assurent la formation continue

L'entreprise elle-même, des organismes privés ou publics mettent en place les actions de formation continue. Parmi les organismes publics, on peut citer les GRETA qui dépendent de l'Éducation nationale et l'AFPA (Association nationale pour la formation professionnelle des adultes) qui dépend du ministère du Travail.

3 La validation des acquis de l'expérience (VAE)

La loi de modernisation sociale du 17-01-2002 permet aux salariés d'obtenir un diplôme en faisant valider des compétences acquises lors d'expériences professionnelles, bénévoles ou familiales.

Le bilan de compétences

Le bilan de compétences permet à un salarié de faire le point sur ses compétences et ses motivations pour lui permettre une nouvelle orientation professionnelle. Le bilan de compétences est inscrit dans les actions de formation continue.

La demande de congé pour bilan de compétences

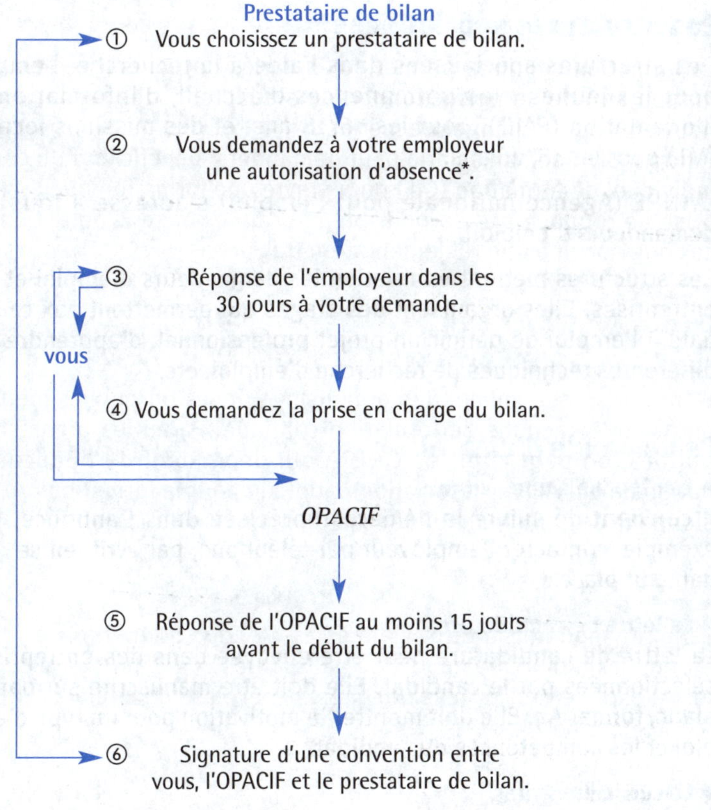

* Votre demande doit parvenir à votre employeur au plus tard 60 jours avant le début du bilan.

3 La recherche d'un emploi

On peut trouver un emploi par ses propres moyens (annonces, suites de stages, relations personnelles...) ou avoir recours à des structures spécialisées dans l'aide à la recherche d'emploi.

> **MOTS CLÉS :** *ANPE, lettre de candidature, curriculum vitae, entretien d'embauche.*

1 Les structures spécialisées

Des structures spécialisées dans l'aide à la recherche d'emploi pour les jeunes : les permanences d'accueil, d'information et d'orientation (PAIO), pour les 16/18 ans, et des missions locales (ML) pour les 18/26 ans.

L'ANPE (Agence nationale pour l'emploi) s'adresse à tous les demandeurs d'emploi.

Ces structures mettent en relation les demandeurs d'emploi et les entreprises. Elles organisent des stages qui permettent aux candidats à l'emploi de définir un projet professionnel, d'apprendre les différentes techniques de recherche d'emploi, etc.

2 La demande d'emploi

• La réponse à une annonce

Il convient de suivre la démarche précisée dans l'annonce, par exemple, contacter l'employeur par téléphone, par écrit, en se rendant sur place...

• La lettre de candidature

La lettre de candidature peut être envoyée dans des entreprises sélectionnées par le candidat. Elle doit être manuscrite sur papier blanc, format A4. Elle doit montrer la motivation pour un type d'emploi et les compétences du candidat.

• Le curriculum vitae

Le curriculum vitae accompagne la lettre de candidature. Il est dactylographié sur papier blanc, format A4. Il renseigne sur l'identité du candidat, sa formation, ses diplômes, son expérience professionnelle.

L'entretien d'embauche

L'entretien d'embauche est la première rencontre avec un employeur. Il doit être préparé avec soin pour avoir le plus de chance d'aboutir. Des stages de préparation à l'entretien sont organisés par l'ANPE, les PAIO et les missions locales.

Quelques règles pour réussir l'entretien

1. Prenez des renseignements sur l'entreprise.
2. Ayez en mémoire le texte de l'annonce ou la description du poste proposé.
3. Prenez toutes les précautions pour être à l'aise : arrivez 10 minutes à l'avance, soyez habillé et coiffé correctement, sachez bien qui doit vous recevoir.
4. Munissez-vous de tout ce qui peut vous être utile : bloc-notes, stylo, agenda, copies de diplômes, attestations de stage, recommandations...
5. Soyez disponible pour rester le temps qu'il faut.
6. Laissez votre interlocuteur prendre la parole.
7. Répondez de manière précise.
8. Utilisez un vocabulaire correct.
9. Posez, en fin d'entretien, des questions non évoquées : salaire, délai de réponse, possibilité de formation...

4 La perte d'emploi

La perte d'emploi correspond à la rupture d'un contrat de travail. Elle peut être le fait du salarié, il s'agit d'une démission. Elle peut être le fait de l'employeur, il s'agit d'un licenciement.

> MOTS CLÉS : *ASSEDIC, allocations, ANPE, plan d'aide au retour à l'emploi (PARE).*

1 Deux structures, deux rôles différents

- **L'ASSEDIC**

L'ASSEDIC enregistre l'inscription de ceux qui ont perdu leur emploi. Elle étudie leurs droits. Elle calcule les allocations chômage et les verse à ceux qui y ont droit.

- **L'ANPE**

L'ANPE met à disposition de ceux qui recherchent un emploi des offres d'emploi et des moyens pour se mettre en relation avec les entreprises (téléphone, minitel, ordinateur).
Elle organise des stages sur les techniques de recherche d'emploi ; elle met en relation les personnes qui le souhaite avec un conseiller ANPE.

2 Les démarches d'un salarié qui a perdu son emploi

Le salarié doit se rendre à l'antenne ASSEDIC la plus proche de son domicile pour retirer un dossier d'inscription, ou téléphoner pour se pré-inscrire et recevoir le dossier à son domicile :

0 811 01 01 94
N° DE VOTRE DÉPARTEMENT

(coût d'un appel local)

Le dossier rempli doit être remis par le salarié à l'ASSEDIC dans les 5 jours. Une pièce d'identité ou une carte de séjour pour les étrangers doit être produite, ainsi que le certificat du dernier employeur.

Le plan d'aide au retour à l'emploi (PARE)

Les conditions pour bénéficier du PARE

– Avoir travaillé 6 mois au cours des 22 derniers mois.
– Ne pas avoir quitté volontairement son emploi.
– Chercher de façon effective et continue un emploi.

Les avantages du PARE

– Une allocation non dégressive variant avec le temps d'activité et le montant du salaire.
– Des aides particulières de l'ASSEDIC pour la formation, la mobilité géographique, pour les employeurs qui embauchent.

Les étapes du PARE

① Le salarié signe le PARE avec l'ASSEDIC.

↓ délai 30 jours

② Entretien approfondi avec un conseiller ANPE pour déboucher sur un plan d'aide personnalisé (PAP)*

↓ 6 mois après signature

③ Ajustement du projet si un emploi n'a pas été trouvé.

↓ 12 mois après signature

④ Même procédure.

* L'ASSEDIC suit le déroulement du PAP. Elle peut convoquer le salarié et demander des justificatifs.

5 La réglementation du travail

Les relations entre salariés et employeurs sont réglementées par des lois qui définissent les droits et devoirs de chacun, ainsi que par des conventions collectives et des règlements intérieurs.

> **MOTS CLÉS :** *convention collective, Code du travail, règlement intérieur.*

1 Le Code du travail

Le Code du travail est un ouvrage qui regroupe les lois et règlements relatifs au travail. Il évolue en fonction des nouvelles lois votées. Il est composé de 9 parties, appelées livres :
– livre 1er : conventions relatives au travail ;
– livre 5e : conflits du travail...

2 La convention collective

C'est un document écrit pour une profession (coiffeurs, boulangers...) ou un secteur professionnel (banque, métallurgie...).
Elle est établie suite à des négociations entre employeurs et syndicats des salariés.
Elle fixe les conditions de l'emploi du secteur et améliore certains points par rapport au Code du travail.

3 Le règlement intérieur

Il est obligatoire dans les entreprises de 20 salariés et plus. Il fixe les conditions à respecter dans le cadre de la discipline générale, de l'hygiène, de la sécurité et il détermine les sanctions.

L'élaboration du règlement intérieur

Le règlement intérieur doit respecter le Code du travail et la convention collective.

① Le chef d'entreprise élabore le règlement intérieur.

② Il présente son projet aux représentants des salariés et au comité d'hygiène, de sécurité et des conditions de travail (CHSCT) pour le discuter et l'approuver.

③ Le règlement intérieur est envoyé à l'inspecteur du travail qui peut demander des modifications.

④ Affichage : le règlement intérieur doit être affiché sur les lieux de travail et d'embauchage.

6 Les contrats de travail

Le contrat de travail est un document écrit. Il lie un employeur et un salarié et fixe les conditions de travail.

> MOTS CLÉS : *contrat, préavis, période d'essai.*

1 Les différents contrats de travail

Le contrat à durée indéterminée (CDI) est conclu pour une durée indéterminée. Il peut être rompu par l'une ou l'autre des parties en respectant le préavis.

Le contrat à durée déterminée (CDD) est conclu pour une durée déterminée. Ce type de contrat est très réglementé : il ne peut être utilisé que pour remplacer un salarié absent ou faire face à un surplus d'activité.

Le contrat d'intérim ou de mission lie une entreprise de travail temporaire et le salarié. Le salarié a une mission pour un temps défini dans une entreprise utilisatrice.

2 Les mentions obligatoires sur un contrat de travail

- La mention du type de contrat.
- L'identification de l'employeur, du salarié, du type de poste.
- La rémunération mensuelle de base.
- Le lieu du travail.
- Les horaires.
- La période d'essai.
- Selon les contrats, la durée du contrat ou la durée du préavis.
- Les signatures de l'employeur et du salarié.

3 Les obligations des parties

L'employeur s'engage à respecter tous les termes du contrat, le Code du travail, la convention collective.

Le salarié s'engage à effectuer le travail demandé et à respecter le règlement intérieur de l'entreprise.

Le bulletin de salaire

Le bulletin de salaire est la preuve du temps de travail effectué par un salarié. Le taux horaire doit être au minimum égal à celui du SMIC (7,19 euros brut au 1er juillet 2003). Le taux horaire du SMIC est publié par décret tous les ans.

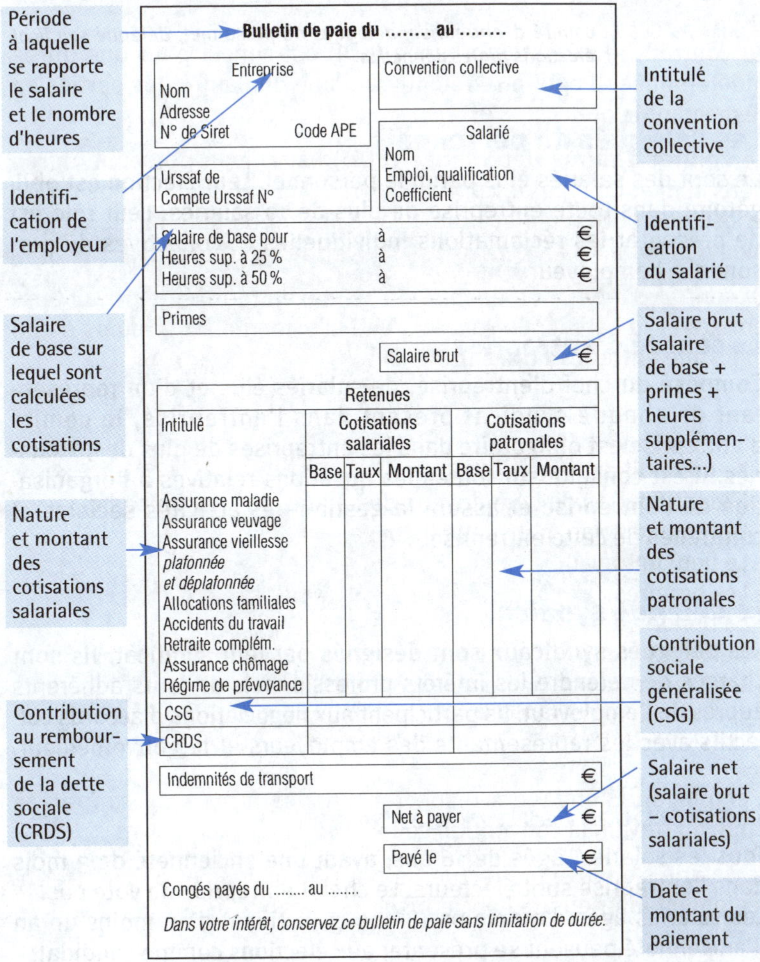

7 La représentation des salariés dans l'entreprise

Les délégués du personnel et les membres du comité d'entreprise assurent la représentation des salariés auprès de l'employeur. Les délégués syndicaux ont un rôle essentiellement revendicatif.

< **MOTS CLÉS :** *comité d' entreprise, délégués du personnel, délégué syndical, élections professionnelles.*

1 Les délégués du personnel

Ce sont des salariés élus parmi le personnel. Leur élection est obligatoire dans toute entreprise de plus de 10 salariés. Leur rôle est de présenter les réclamations individuelles et collectives du personnel à l'employeur.

2 Le comité d'entreprise

Composé du chef d'entreprise, de salariés élus et d'un représentant de chaque syndicat présent dans l'entreprise, le comité d'entreprise est obligatoire dans les entreprises de plus de 50 salariés. Il est consulté sur toutes les questions relatives à l'organisation de l'entreprise et assure la gestion des activités sociales et culturelles de cette entreprise.

3 Le délégué syndical

Les délégués syndicaux sont désignés par leur syndicat. Ils sont chargés de défendre les intérêts professionnels de leurs adhérents auprès de l'employeur. Ils participent aux négociations d'accords collectifs avec les représentants des employeurs et le gouvernement.

4 Les élections des représentants

Tous les salariés, âgés de 16 ans, ayant une ancienneté de 3 mois dans l'entreprise sont électeurs. Le chef d'entreprise ne vote pas. Les salariés âgés d'au moins 18 ans et justifiant d'au moins un an d'ancienneté peuvent se présenter aux élections comme candidat.

Les représentants des salariés

Le nombre des représentants du personnel varie en fonction de l'effectif de l'entreprise.

Nombre de salariés	Délégués du personnel
11 à 25	1
26 à 74	2
75 à 99	3
100 à 124	4
125 à 174	5
175 à 249	6
250 à 499	7
500 à 749	8
750 à 999	9

Exemple : la société Infomat dont l'effectif est de 15 salariés devra élire 1 délégué du personnel titulaire et 1 délégué du personnel suppléant.

Nombre de salariés	Représentants du personnel au comité d'entreprise
50 à 74	3
75 à 99	4
100 à 399	5
400 à 749	6
750 à 999	7
1 000 à 1 999	8
2 000 à 2 999	9
3 000 à 3 999	10
4 000 à 4 999	11
5 000 à 7 499	12
7 500 à 9 999	13
Plus de 10 000	15

Exemple : l'entreprise MCI qui emploie 425 salariés élira 6 membres titulaires au comité d'entreprise et 6 membres suppléants.

8 Le conseil des prud'hommes

Tout salarié ou apprenti, en désaccord avec son employeur au sujet de son contrat de travail ou de ses conditions de travail, peut faire appel au conseil des prud'hommes.

< MOTS CLÉS : *conditions de travail, conflits individuels, contrat de travail, prud'homme.*

1 La composition du conseil des prud'hommes

Le conseil des prud'hommes se compose d'un nombre égal de conseillers salariés et de conseillers employeurs. Ce sont des juges non professionnels qui sont élus pour 5 ans par des employeurs et des salariés.

2 L'organisation du conseil des prud'hommes

Chaque conseil des prud'hommes est divisé en cinq sections spécialisées dans les principaux secteurs du travail. Chaque section comprend un bureau de conciliation et un bureau de jugement.

3 La procédure prud'homale

• La présentation de la demande

Elle se fait par lettre recommandée adressée au greffe du conseil des prud'hommes.

• La conciliation

Elle vise à trouver un compromis entre les parties afin d'éviter un procès.

• Le jugement

En l'absence d'accord, le bureau de jugement convoque de nouveau les deux parties en audience publique et rend un jugement.

• Les voies de recours

Si l'une ou l'autre des parties n'est pas satisfaite de la décision rendue, elle peut la contester en saisissant la cour d'appel ou la Cour de cassation.

La procédure prud'homale

LITIGE

entre l'employeur et son salarié

Le demandeur

(l'employeur ou le salarié)

dépose sa plainte auprès du greffe du conseil des prud'hommes.

↓

CONCILIATION

Le bureau de conciliation

se compose d'un conseiller prud'homme employeur et d'un conseiller prud'homme salarié.

PROCÈS VERBAL DE CONCILIATION

Les deux parties, l'employeur et le salarié, sont d'accord.

Les deux parties ne sont pas d'accord

↓

JUGEMENT

Le bureau de jugement

est composé de deux conseillers employeurs et de deux conseillers salariés.

9 Les rythmes biologiques

Les rythmes biologiques sont des variations périodiques des fonctions de l'organisme. Les appareils respiratoire, digestif et cardiovasculaire ont un maximum d'efficacité dans la journée. La sécrétion de certaines hormones augmente la nuit.

< **MOTS CLÉS :** *rythme circadien, hormones, contraintes, désynchronisation.*

1 Les rythmes biologiques essentiels

Le rythme circadien ou journalier correspond à une période de 24 heures. Au cours de cette période, des sécrétions hormonales, commandées par une glande du cerveau, règlent la température corporelle, la période d'éveil et de sommeil...

Le rythme saisonnier correspond au cycle des saisons. On constate une périodicité des maladies, par exemple, la grippe est une maladie de l'hiver, le manque d'ensoleillement favorise les dépressions nerveuses...

2 Les caractéristiques des rythmes biologiques

Les périodes de performances des organes évoluent au cours de la journée. Les performances physiques sont souvent meilleures entre seize et dix-huit heures et intellectuelles vers onze et quinze heures. Ces périodes de performances sont personnelles à chacun.

Les contraintes qui perturbent les rythmes biologiques sont le plus souvent les horaires de transport et de travail. Elles nous obligent à modifier nos heures de lever et de repas. On appelle « désynchronisation » les contraintes de la vie quotidienne qui créent un décalage avec notre rythme biologique personnel.

La désynchronisation perturbe les sécrétions hormonales et le sommeil. Elle crée chez les individus une difficulté de concentration, le ralentissement des réflexes, de l'irritation, la perte d'appétit, des perturbations de la digestion, du stress...

DOCUMENT

La gestion des rythmes biologiques

Les contraintes personnelles et professionnelles nécessitent une adaptation de l'organisme. L'adaptation est possible, elle est progressive si les changements ne sont pas trop fréquents.

Le décalage horaire pour ceux qui voyagent loin

Les sportifs qui vont disputer des épreuves à l'autre bout de la planète doivent être sur place à l'avance pour conserver leurs chances de succès. Pour retrouver leurs performances, ils doivent progressivement adapter leur rythme biologique : éveil et sommeil, aux nouvelles conditions horaires. Pour un décalage horaire de 6 heures, le rythme veille et sommeil s'adapte environ en 3 jours.

Le travail de nuit ou en horaires décalés

Le travail en horaires décalés, appelé travail posté (2 × 8 ou 3 × 8), et le travail de nuit ne permettent pas de respecter le rythme biologique. L'organisme n'a pas le temps de s'adapter si les changements se font sur des périodes courtes. Ce n'est pas sans conséquences sur la santé.

Travail posté en 2 × 8

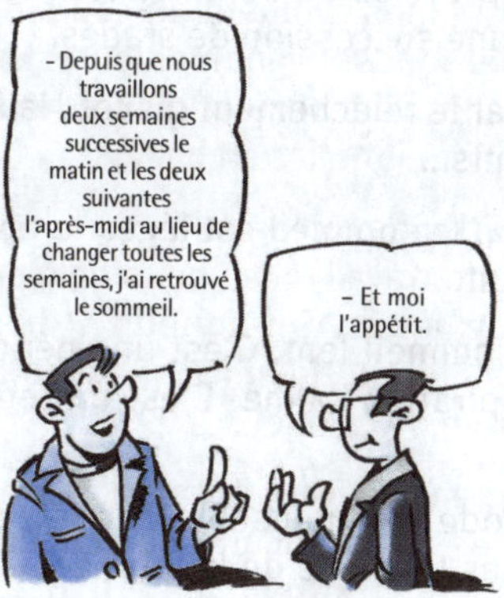

Travail posté en 3 × 8

10 Le sommeil

Le sommeil est un besoin naturel et indispensable à la santé. Il fait partie du rythme circadien où alternent temps de sommeil et temps d'éveil.

< **MOTS CLÉS :** *cycle, endormissement, sommeil paradoxal.*

1 La durée du someil

Le nouveau-né dort de 16 à 19 heures sur 24 heures. C'est indispensable à la croissance et à la maturation du cerveau. La durée du sommeil diminue progressivement puis se stabilise.

La quantité de sommeil est variable chez les individus. Il y a les « petits dormeurs », environ 5 heures de sommeil, et les « gros dormeurs », environ 9 heures.

Le besoin de sommeil augmente après des travaux physiques, intellectuels, en cas de maladie, changements de vie, grossesse...

2 Les stades du sommeil et leur rôle

Chaque nuit comporte quatre à cinq cycles de sommeil d'environ 90 minutes. Chaque cycle est fait d'une succession de stades.

– L'endormissement se manifeste par le relâchement du cou, la fermeture des paupières, des bâillements...

– Le sommeil lent est une période où le sommeil est léger, le réveil se faisant facilement au moindre bruit.

– Le sommeil profond succède au sommeil lent. C'est une période de relâchement musculaire, de respiration calme. C'est un temps de récupération physique.

– Le sommeil paradoxal est la période indispensable des rêves et de la récupération nerveuse après les tensions de la journée. C'est une période de mémorisation et de régulation du stress.
Après ce stade, c'est le réveil ou le début d'un autre cycle de sommeil.

L'hygiène du sommeil

L'absence totale du sommeil ou insomnie est exceptionnelle. Il s'agit le plus souvent d'une difficulté à s'endormir ou de réveils fréquents la nuit. Un mauvais sommeil peut être dû à des soucis familiaux, de santé, de travail ou encore au travail de nuit ou en horaires décalés... Le manque de sommeil a des conséquences sur la qualité du travail et de l'attention, il peut provoquer des problèmes digestifs et aggrave le stress. La somnolence au travail ou au volant peut être à l'origine d'accidents graves du travail et de la route.

Les conditions d'un bon sommeil

11 Les substances psychotropes

Les psychotropes sont des produits qui modifient les réactions du système nerveux. Les médicaments, l'alcool et les drogues licites ou illicites en font partie. Leur abus crée une toxicomanie, c'est-à-dire le besoin irrépressible de consommer un produit et la difficulté à s'en passer.

< **MOTS CLÉS :** *accoutumance, dépendance, sevrage, toxicité.*

1 Les médicaments psychotropes

Les médicaments psychotropes les plus utilisés sont les hypnotiques pour traiter l'insomnie, les anxiolytiques contre les troubles de l'anxiété et les antidépresseurs pour traiter la dépression nerveuse.

Le mauvais usage de médicaments psychotropes peut provoquer des effets secondaires gênants et une diminution possible de l'efficacité. Le surdosage crée un risque d'accoutumance et d'intoxication. Dans ce cas, leurs effets s'apparentent à ceux des drogues.

2 Les produits psychoactifs illicites

Parmi les produits psychoactifs, on peut citer le cannabis, l'ecstasy, la cocaïne et l'héroïne. Ils modifient les sensations et le comportement. Leur consommation régulière crée un état de dépendance et d'accoutumance.

3 La dépendance et l'accoutumance aux psychotropes

Le manque de produit psychotrope ou l'arrêt, appelé « sevrage », crée des souffrances psychiques et physiques. Parmi les manifestations, on peut citer par exemple l'irritabilité, l'agressivité, des tremblements, des palpitations, la difficulté à se concentrer...

La dépendance est le besoin incontrôlé de consommer un produit.

L'accoutumance est le besoin d'augmenter la quantité de produit consommé pour obtenir les effets recherchés.

L'alcool au travail

L'alcool, comme le tabac, est en vente libre. La dépendance à l'alcool est une toxicomanie. Au travail, l'alcoolisme est une des causes de l'absentéisme, de la baisse de qualité et de productivité, et aussi de nombreux accidents du travail.

Le Code du travail et la prévention de l'alcoolisme

Le Code du travail responsabilise l'employeur par rapport à l'usage d'alcool dans l'entreprise. Des règles doivent être rappelées au personnel par le règlement intérieur.

« Il est interdit à tout chef d'établissement [...] et à toute personne ayant autorité sur les ouvriers et employés, de laisser entrer ou séjourner [...] des personnes en état d'ivresse. »

Extrait du Code du travail

Les acteurs et les actions de prévention dans l'entreprise

• Le médecin du travail

Il propose, par exemple, des périodes :
– d'informations sur le risque alcoolique ;
– l'affichage de règles d'hygiène de vie et d'alimentation ;
– l'affichage d'adresses d'associations de lutte contre l'alcoolisme, de centres d'alcoologie, d'associations d'anciens buveurs.

• Les membres du CHSCT et du comité d'entreprise

Ils proposent :
– l'installation de distributeurs de boissons non alcoolisées dans la salle de repos ;
– de fontaines d'eau gratuites dans les ateliers et couloirs.

12 Les besoins nutritionnels

L'organisme a des besoins nutritionnels pour sa croissance, pour ses activités physiques, pour l'entretien et le renouvellement cellulaire. Ces besoins sont couverts par les aliments. Les besoins varient avec l'âge, le poids, le sexe, l'état (maladie ou grossesse) et l'activité physique de chaque individu.

> **MOTS CLÉS :** *constituants alimentaires, kilojoules, énergie.*

1 Les besoins énergétiques, ou besoins quantitatifs

Les cellules produisent de l'énergie à partir des constituants énergétiques des aliments. Ceux-ci permettent le fonctionnement des organes vitaux (cœur, poumons...), le maintien de la température du corps et la contraction musculaire.

Le kilojoule (kJ) est l'unité de mesure de l'énergie. L'apport énergétique total d'un aliment correspond à l'énergie fournie au corps par les glucides, les protides et les lipides : 1 g de glucide ou de protide fournit 17 kJ, 1 g de lipide fournit 38 kJ.

Pour couvrir ses besoins énergétiques, un jeune actif a besoin de 12 800 kJ par jour, dans les proportions suivantes : 55 % de glucides, 33 % de lipides et 12 % de protides.

2 Les besoins non énergétiques

• Les besoins fonctionnels

Les besoins fonctionnels correspondent au transport des substances nutritives vers les cellules qui les utilisent et l'élimination des déchets qu'elles produisent. Ils sont assurés par l'eau, les fibres, les vitamines et certains éléments minéraux.

• Les besoins plastiques

Les besoins plastiques ou bâtisseurs assurent la croissance et le renouvellement permanent des cellules. Ils sont assurés par les protides et certains minéraux.

Les groupes d'aliments

Les aliments sont classés en groupes en fonction des principaux constituants alimentaires qu'ils apportent. Dans un même groupe, les aliments ont un intérêt nutritionnel équivalent. Pour couvrir les besoins de l'organisme, il faut consommer chaque jour des aliments de chacun des groupes.

Groupe d'aliments	Constituants essentiels et intérêt nutritionnel
Viandes. Poissons. Œufs 	– **Les protides** constituent les tissus (musculaires, nerveux, osseux...) – **Le fer** constitue les globules rouges, ou hématies.
Produits laitiers 	– **Le calcium** constitue le squelette et les dents. – **Les protides.** – **La vitamine A** favorise la croissance et la vision. – **La vitamine D** favorise la fixation du calcium sur le squelette.
Matières grasses 	– **Les lipides** donnent de la chaleur et permettent le maintien du corps à 37 °C. Ils entrent dans la constitution des cellules. – **La vitamine A.**
Féculents, produits sucrés et céréales 	– **Les glucides** servent de « carburant » aux cellules pour le travail musculaire et cérébral. – **La vitamine B** favorise l'utilisation des glucides. – **Les fibres** favorisent le transit intestinal.
Légumes et fruits crus et cuits 	– **La vitamine C** augmente la résistance aux infections ; c'est un « antifatigue ». – **Les minéraux** participent aux réactions chimiques dans la cellule. – **Les fibres, autres vitamines, l'eau.**
Boissons 	– **L'eau, constituant essentiel du corps,** permet le transport des nutriments et l'élimination des déchets.

13 L'équilibre alimentaire

Les apports alimentaires doivent satisfaire les besoins et les dépenses de l'organisme. L'équilibre alimentaire consiste à couvrir ces besoins en trois ou quatre repas.

> MOTS CLÉS : *excès, obésité, carence, hypoglycémie.*

1 Le petit déjeuner et la collation

Ces deux repas apportent une recharge énergétique indispensable.

Le petit déjeuner, premier repas de la journée, doit apporter environ 25 % de la ration énergétique totale. Il doit être constitué de céréales ou de pain, de fruit ou de jus de fruit et d'une boisson à base de lait.

La collation est utile aux enfants, aux adolescents, ainsi qu'aux personnes ayant un travail physique important. Elle se prend dans la matinée, l'après-midi ou la nuit selon l'âge et les horaires de travail.

2 Les effets d'un déséquilibre alimentaire sur la santé

Les excès ou les carences alimentaires favorisent les maladies nutritionnelles.

L'excès de féculents, de graisses et de produits sucrés provoque la prise de poids et l'obésité. Ceux-ci favorisent le diabète gras et les maladies cardio-vasculaires.

La carence en aliment énergétique se traduit par une baisse du taux de glucose dans le sang. C'est une crise d'hypoglycémie, accompagnée de malaises et de migraines. Prolongée, cette attitude alimentaire conduit à l'amaigrissement et à une moindre résistance de l'organisme.

Au travail, une alimentation trop riche en féculents favorise la somnolence et la perte de vigilance. Une alimentation trop peu énergétique contribue aux troubles de mémoire, provoque de la fatigue. Les performances baissent, le risque d'accident augmente.

Les règles de composition des menus

Diversifier les plats est une condition d'équilibre alimentaire et d'équilibre du budget et permet de lutter contre la monotonie. Tous les groupes d'aliments doivent être présents dans la journée. La consommation de cinq fruits et légumes par jour est conseillée.

Plat principal + Plats complémentaires : entrée, dessert

plat protidique +	garniture féculents ou légumes		crudités ou fruits	produit laitier
filet de cabillaud 	pommes de terre 	haricots verts 	salade de fruit 	fromage 
côte de veau 	pâtes 	chou-fleur 	salade verte 	yaourt 
jambon blanc 	petits pois 	champignons 	carottes râpées 	fromage blanc 
omelette 	riz 		pomme poire 	flan caramel 

\+

Les matières grasses
pour l'assaisonnement ou la cuisson, en quantité raisonnable

vinaigrette  huile  beurre 

\+

pain

\+

eau
(au moins un litre et demi par jour)

14 Les risques liés à l'activité physique

Les postures et les mouvements sollicitent le squelette, les muscles et les articulations. Les activités physiques personnelles et professionnelles peuvent provoquer des douleurs handicapantes.

> **MOTS CLÉS :** *activité statique, activité dynamique, colonne vertébrale, vertèbres, disques intervertébraux, lumbago, sciatique.*

1 Les deux types d'activités physiques

On distingue habituellement deux types d'activités physiques.

L'activité statique permet de maintenir une posture. Une posture statique prolongée assise peut provoquer des douleurs musculaires et articulaires. Une posture debout peut occasionner en plus des problèmes circulatoires au niveau des jambes.

L'activité dynamique comporte des mouvements variés avec des déplacements avec ou sans transport de charges.

2 L'organisation de la colonne vertébrale

La colonne vertébrale ou rachis est constituée de 24 vertèbres articulées. Elle protège la moelle épinière d'où partent des nerfs. Elle présente trois courbures maintenues par les muscles du dos.

Les vertèbres sont empilées et reliées les unes aux autres par des ligaments. Articulées, elles permettent de se courber vers l'avant. Les mouvements vers l'arrière sont limités.

Les disques intervertébraux sont situés entre les vertèbres. Ils amortissent les effets des pressions exercées sur la colonne vertébrale.

3 La fatigue musculaire

La fatigue musculaire se manifeste par une baisse des performances puis l'apparition de douleurs. Le repos fait disparaître les symptômes.

Les atteintes de la colonne vertébrale

Les atteintes de la colonne vertébrale sont liées à la répétition de gestes ou à l'adoption de postures contraignantes.
La fréquence ou la gravité des atteintes dépend du type d'activité, de l'organisation du travail, de la personne et de l'âge.

L'organisation de la colonne vertébrale

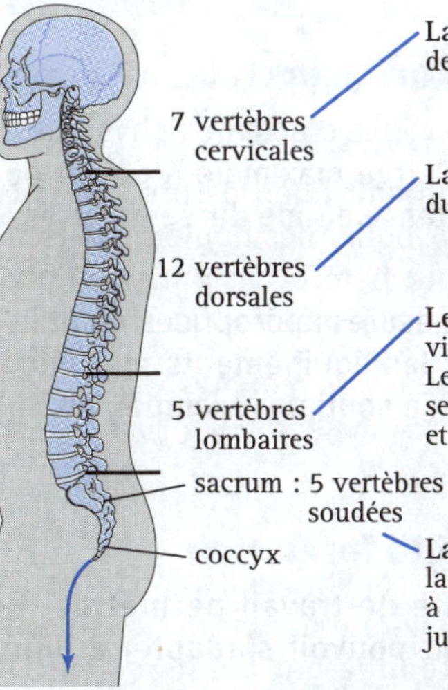

Les atteintes de la colonne vertébrale

La **cervicalgie** est une douleur au niveau des vertèbres du cou.

La **dorsalgie** est une douleur au niveau du haut du dos.

Le **lumbago** est une douleur musculaire violente au niveau des vertèbres lombaires. Le noyau du disque intervertèbral se déplace et appuie sur les nerfs sensitifs, et il est difficile de se redresser.

La **sciatique** est un lumbago dont la douleur du nerf sciatique se prolonge à l'arrière de la cuisse et de la jambe, jusqu'au pied.

Les vertèbres et les disques inter-vertébraux

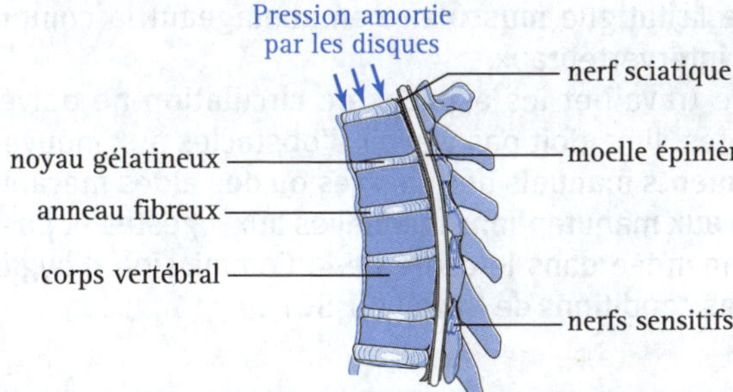

15 La prévention des risques liés à l'activité physique

La prévention des risques physiques consiste à éviter la répétition des postures contraignantes. Elle prévoit aussi des dispositifs pour soulager les manutentions manuelles, le transport des charges et les effets des vibrations.

> MOTS CLÉS : *postures, aides mécaniques, gestes.*

1 La réglementation concernant le port des charges

• La charge maximale

Des recommandations fixent la charge maximale à porter pour un homme et une femme sur une distance et une durée précises.

• Les aides mécaniques

Tout employeur doit prendre les mesures appropriées ou utiliser les moyens adéquats, « notamment les équipements mécaniques », pour faciliter le port des charges. Ce sont, par exemple, les chariots élévateurs, les rails roulants...

2 L'organisation du travail et la formation

L'aménagement simple du poste de travail permet de réduire les contraintes physiques. Il doit pouvoir s'adapter à différents opérateurs.

Les pauses sont obligatoires dans le travail. Elles permettent de récupérer de la fatigue musculaire en soulageant la compression des disques intervertébraux.

Les zones de travail et les espaces de circulation ne doivent pas être encombrés. Il ne doit pas y avoir d'obstacles aux mouvements, aux déplacements manuels des charges ou des aides mécaniques.

La formation aux manutentions manuelles aux « gestes et postures » peut être demandée dans le cadre de la Commission d'hygiène, de sécurité et des conditions de travail (CHSCT).

L'apprentissage des gestes et postures, l'organisation du poste de travail

L'apprentissage des gestes et postures évite les lésions de la colonne vertébrale. L'organisation du poste de travail doit permettre d'éviter les douleurs ou de retarder leur apparition.

Soulever une charge

Placer l'objet entre les pieds, proche du corps. Garder toujours le dos droit et utiliser la force des cuisses pour se relever.

Organiser l'espace pour un travail statique (posture « assis ou debout »)

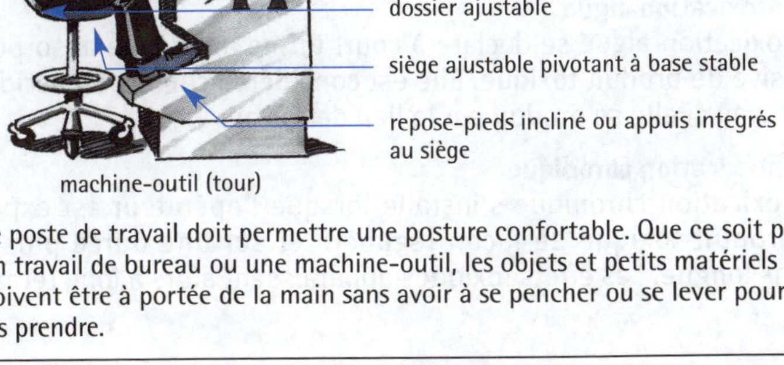

machine-outil (tour)

Le poste de travail doit permettre une posture confortable. Que ce soit pour un travail de bureau ou une machine-outil, les objets et petits matériels doivent être à portée de la main sans avoir à se pencher ou se lever pour les prendre.

16 Le risque chimique

Le risque chimique est engendré par des substances ou des matériaux. Les produits chimiques peuvent être à l'origine de divers troubles de santé ou d'accidents technologiques.

> **MOTS CLÉS :** *intoxication aiguë, intoxication chronique.*

1 Les dangers des produits chimiques

• La nature et la concentration des produits chimiques

Selon leur nature, les produits chimiques ont des propriétés dangereuses différentes. Ces propriétés sont identifiées par des pictogrammes de danger. Le danger d'un produit est également lié à la concentration des produits.

• Le mélange de produits chimiques

Le mélange de produits chimiques incompatibles est à l'origine de réaction chimique dangereuse. Celle-ci peut être explosive. Il peut aussi se produire des projections, des dégagements de gaz toxiques. Une inflammation est possible après un mélange avec un dégagement important de chaleur.

• Les conditions d'utilisation et de stockage

Selon les conditions d'utilisation (procédés, matériels utilisés) et les conditions de stockage (environnement proche), le risque peut se transformer en accident.

2 Les effets sur la santé

• L'intoxication aiguë

L'intoxication aiguë se déclare à court terme après une absorption massive de produit toxique. Elle est considérée comme un accident du travail si elle se produit sur le lieu de travail.

• L'intoxication chronique

L'intoxication chronique s'installe lorsque l'opérateur est exposé au produit toxique de façon régulière et sur une durée plus ou moins longue. Les effets toxiques apparaissent alors à long terme.

Les troubles occasionnés par les produits chimiques

Les produits peuvent pénétrer dans l'organisme par les voies respiratoires, par les voies digestives ou par la voie cutanée. La voie de pénétration dépend de la nature du produit et de sa présentation (aérosol, poussières, liquides...). Après absorption, les produits rejoignent la circulation sanguine et peuvent détériorer d'autres organes.

Les voies de pénétration des produits chimiques

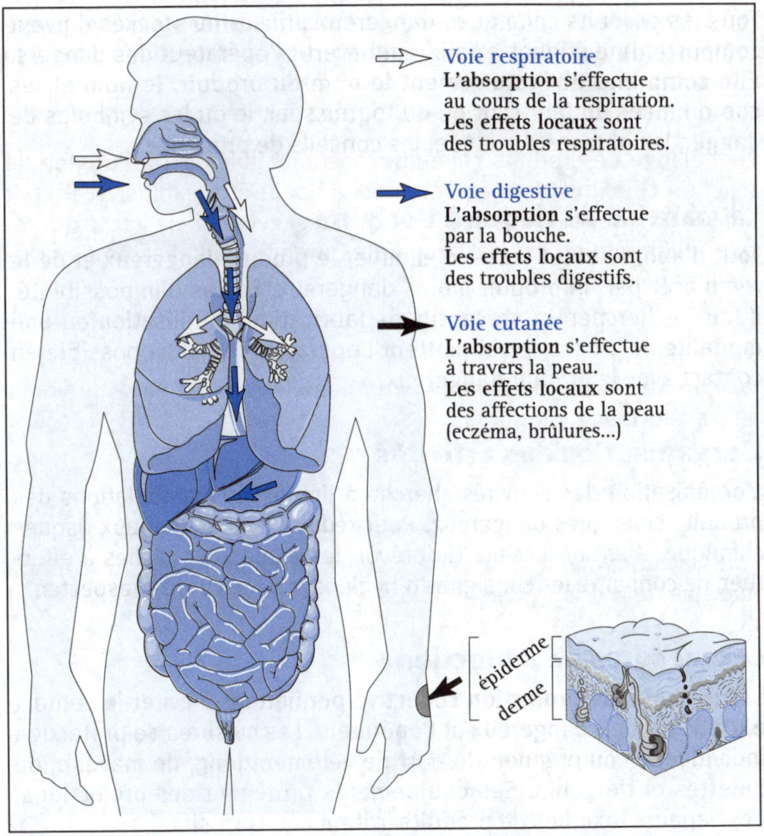

17 La prévention du risque chimique

La prévention consiste à éliminer les causes des accidents. Il faut pouvoir identifier les produits dangereux pour contrôler efficacement leur utilisation et assurer une protection collective et individuelle.

> MOTS CLÉS : *fiche de données de sécurité (FDS).*

1 L'identification des produits

Tous les produits chimiques dangereux utilisés ou stockés doivent comporter une étiquette lisible qui avertit l'opérateur des dangers. Elle comprend obligatoirement le nom du produit, le nom et les coordonnées du fabricant ou du fournisseur, le ou les symboles de danger, les phrases de risque, les conseils de prudence.

2 La maîtrise du risque à l'origine

Tout d'abord, il faut tenter d'éliminer le produit dangereux et de le remplacer par un produit moins dangereux. En cas d'impossibilité, il faut rechercher un processus de fabrication, d'utilisation ou une modalité de stockage qui mettent l'opérateur le moins possible en contact avec le produit dangereux.

3 L'organisation des activités

L'organisation des activités cherche à limiter les manipulations des produits chimiques dangereux. Pour réduire l'exposition aux risques chimique, il est nécessaire de prévoir les étapes des tâches à effectuer, de connaître les consignes d'hygiène et de sécurité à respecter.

4 Les mesures de protection

Les mesures de protection collective permettent d'éviter le contact entre le produit dangereux et l'opérateur. Les mesures de protection individuelle comprennent le port de vêtement long, de masque, de lunettes et de gants. Ces équipements protègent des projections, des vapeurs toxiques de produits irritants ou corrosifs.

L'information de l'opérateur

L'opérateur est informé des dangers des produits chimiques par la présence sur l'étiquetage d'un marquage obligatoire. Dans les locaux, la présence de produits dangereux est identifiée par des panneaux d'avertissement et de signalisation de risque ou de danger.

Un étiquetage informatif

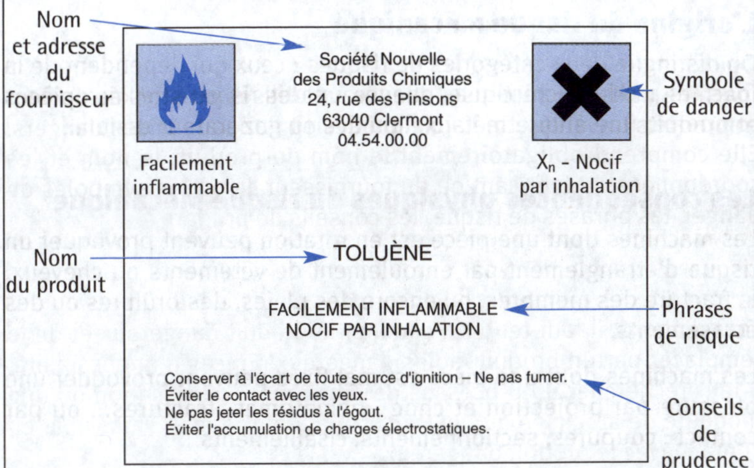

Panneaux d'avertissement et signalisation de risque ou de danger

Matières inflammables ou haute température

Matières explosives risque d'explosion

Matières toxiques

Matières corrosives

Matières comburantes

Matières nocives ou irritantes

18 Le risque mécanique

Le risque mécanique est lié à l'utilisation de machines. Les causes peuvent être d'origine humaine ou technique. Le risque existe aussi bien sur le lieu de travail que lors des activités de la vie quotidienne : bricolage, jardinage, activités ménagères…

> **MOTS CLÉS :** *fractures, écrasement, choc, hématomes, EPI.*

1 L'origine du risque mécanique

On distingue deux catégories de risques : ceux qui dépendent de la machine utilisée : perceuse, plieuse… et les risques liés aux pièces et produits travaillés : métaux, liquides ou gaz sous pression…

2 Les conséquences physiques du risque mécanique

Les machines dont une pièce est en rotation peuvent provoquer un risque d'étranglement par enroulement de vêtements ou cheveux, la fracture des membres, ou encore des plaies, des brûlures ou des écrasements.

Les machines dont une pièce est mal fixée peuvent provoquer une blessure par projection et choc : hématomes, fractures… ou par contact : coupures, sectionnements, cisaillements…

Les machines produisant des déchets comme des poussières ou des copeaux sont à l'origine de lésions aux yeux et aux mains.

Les machines avec déplacements, dus à leur masse et à leur vitesse, provoquent des chocs, des hématomes ou des fractures.

3 Les causes les plus fréquentes des accidents

Trois types de causes sont souvent citées :
– non-application des consignes : pas d'utilisation des protections (écrans, carters…), pas de serrage des pièces mobiles, oubli des protections individuelles, cheveux et vêtements flottants ;
– absence ou insuffisance de formation sur les nouvelles machines ;
– relâchement de la surveillance et de l'attention.

Le repérage des phénomènes mécaniques dangereux

Le repérage des phénomènes dangereux (ou risques) se fait avec l'opérateur en action sur son poste de travail, quand les machines fonctionnent. Il justifie les instructions techniques à respecter par l'opérateur. Il permet de l'avertir sur les risques résiduels et de décrire et justifier les procédures face aux phénomènes dangereux : dispositifs d'arrêt d'urgence, utilisation obligatoire des EPI (équipements de protection individuels) adaptés.

19 La prévention du risque mécanique

La prévention du risque mécanique passe par la bonne conception des machines. Elle dépend aussi de l'application des règles de sécurité par l'utilisateur et de la formation de l'opérateur.

> **MOTS CLÉS :** *prévention intrinsèque, maintenance de premier niveau, EPI.*

1 La sécurité à la conception de la machine

Le principe de sécurité à la conception des machines, c'est la prévention intrinsèque. Elle a pour but de réduire les interventions de l'opérateur dans les parties dangereuses de la machine.

Les systèmes de protection sont fixes ou mobiles. La sécurité est assurée par exemple par des carters, écrans, capots et grillages...

2 La maintenance du matériel

L'opérateur doit assurer la maintenance préventive de premier niveau et respecter les procédures de contrôle. Il doit signaler immédiatement les dysfonctionnements.

3 La formation des opérateurs

La formation est inscrite dans le Code du travail. La loi oblige l'employeur à faire former le personnel à l'utilisation des machines. La formation doit être assurée à l'embauche, sur les nouvelles machines, en cas de changement de poste, ou après un arrêt de travail de 21 jours.

Le travail sur machine dangereuse doit être autorisé par le médecin du travail après qu'il ait procédé à un examen de santé du salarié.

4 Les équipements de protection individuels (EPI)

Les EPI doivent être mis à la disposition des personnels, adaptés à leur taille, au type de machine, entretenus et renouvelés.

Le respect des règles de sécurité

L'opérateur évite les risques en respectant les règles de sécurité avant le travail, au cours du travail et quand il quitte son poste.

Avant le travail

- Mettre les équipements de protection individuels (EPI).
- S'assurer :
  - que la machine est en état de fonctionnement ;
  - que les protections sont mises en place ;
  - que l'espace de travail est dégagé ;
  - que les outils et produits sont à proximité.

Pendant le travail

- Respecter le geste technique adapté.
- Contrôler le déroulement des opérations.
- Rester concentré sur son travail.

Après le travail

- Respecter la procédure de fin de tâche.
- Nettoyer l'espace de travail.
- Ranger le matériel et les outils.

20 Le risque biologique

Le risque biologique est lié à la présence d'agents infectieux pathogènes, c'est-à-dire à la présence de micro-organismes susceptibles de provoquer une maladie infectieuse chez l'homme.

> MOTS CLÉS : *micro-organisme, infection, réaction inflammatoire.*

1 Les réservoirs de micro-organismes

Les micro-organismes sont présents dans les milieux naturels : le sol, l'eau et l'air. Ils sont aussi hébergés par les animaux et les hommes, malades ou non.

2 L'infection

• Les voies de pénétration des micro-organismes

Les micro-organismes pénètrent dans le corps humain soit par les voies naturelles (voie respiratoire, digestive, génitale), soit lors d'une blessure de la peau. C'est la contamination.

• Les différentes étapes de l'infection

Après contamination, les micro-organismes se multiplient dans l'organisme sans signe apparent, c'est la période d'incubation. Ensuite, les troubles spécifiques de la maladie apparaissent, c'est la période d'état suivie de la guérison quand les signes de la maladie disparaissent.

3 Les défenses de l'organisme

• Les défenses non spécifiques

Lors d'une blessure, des leucocytes, les cellules phagocytaires, éliminent rapidement les micro-organismes responsables de l'infection au cours de la réaction inflammatoire.

• Les défenses spécifiques

Lorsque l'infection est plus grave, d'autres leucocytes, les lymphocytes, interviennent. Ils agissent plus lentement. Les lymphocytes B sont à l'origine des anticorps qui neutralisent les micro-organismes et les toxines. Les lymphocytes T détruisent les cellules infectées par les virus.

La peau et la réaction inflammatoire

La peau assure une barrière naturelle contre la pénétration des micro-organismes. Elle assure tout à la fois une protection mécanique, chimique et biologique. La réaction inflammatoire intervient lorsque la peau est blessée. Elle s'oppose à la prolifération des micro-organismes dans le corps.

La peau, une protection naturelle

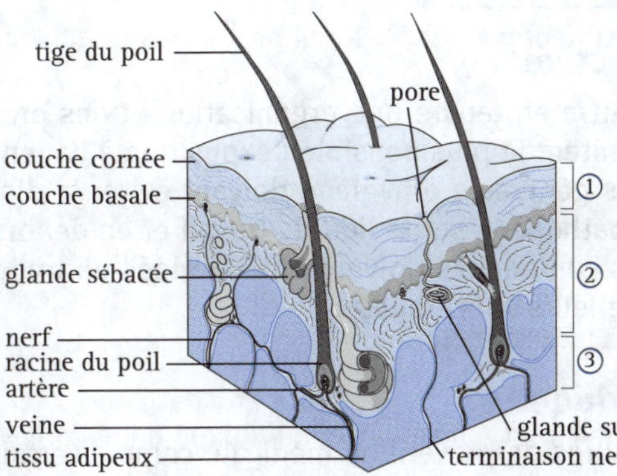

① l'épiderme
Il a un rôle de protection. Il est recouvert de sébum, qui s'oppose à la multiplication microbienne.

② le derme
Il donne à la peau sa résistance, son élasticité et sa sensibilité à la pression, à la température, à la douleur.

③ l'hypoderme
Il constitue une protection thermique et mécanique.

La réaction inflammatoire

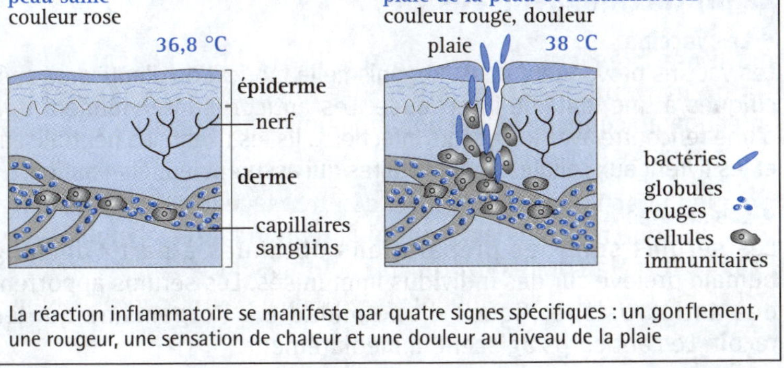

La réaction inflammatoire se manifeste par quatre signes spécifiques : un gonflement, une rougeur, une sensation de chaleur et une douleur au niveau de la plaie

21 La prévention du risque biologique

La prévention du risque biologique nécessite le respect strict de mesures collectives et de mesures individuelles. Celles-ci permettent de protéger l'ensemble des salariés travaillant dans des milieux à risque.

> **MOTS CLÉS :** *vaccin, sérum, anticorps.*

1 La prévention collective

Il est nécessaire de mettre en œuvre une organisation et des processus de travail qui limitent le plus possible l'exposition à l'agent infectieux. Des mesures générales d'hygiène doivent éviter la dissémination de l'agent pathogène sur le lieu de travail et en dehors de celui-ci. Les déchets contaminés doivent être éliminés en toute sécurité (circuit et conteneurs spécifiques).

2 La prévention individuelle

Elle comprend des mesures de prévention médicale comme certaines vaccinations obligatoires et le suivi médical, des mesures de protection individuelle, port de tenue spécifique (gants, masque), des mesures d'hygiène individuelle comme le lavage des mains.

3 La protection médicale

• Les vaccins

Les vaccins provoquent dans l'organisme la fabrication d'anticorps spécifiques à une maladie infectieuse. Les anticorps interviennent lors d'une rencontre avec les agents infectieux. Ils les fixent, les neutralisent et les livrent aux cellules phagocytaires qui assurent leur élimination.

• Les sérums

Les sérums sont des préparations obtenues à partir de sang humain prélevé sur des individus immunisés. Les sérums apportent des anticorps spécifiques d'une maladie à l'organisme qui les reçoit. Les anticorps agissent immédiatement.

Les vaccins et les sérums

Les vaccins et les sérums sont deux moyens de renforcer les défenses immunitaires, mais leurs caractéristiques et leurs utilisations présentent de nombreuses différences.

	Vaccin	Sérum
Composition	Le vaccin contient des micro-organismes ou des toxines inactivés.	Le sérum contient des anticorps adaptés à la maladie qui doit être traitée.
Mode d'action	L'organisme fabrique lui-même ses anticorps.	L'organisme reçoit des anticorps.
Rôle	Le vaccin permet une protection active et durable.	Le sérum apporte une protection passive et de courte durée.
Délai d'efficacité	Le vaccin est efficace trois semaines minimum après son administration.	Le sérum est efficace immédiatement après l'administration.
Utilisation	Il est utilisé préventivement avant toute infection selon un rythme établi par le calendrier vaccinal.	Il est utilisé de façon curative (pour soigner) après l'infection, lorsque la maladie est déclarée. Il est aussi utilisé de façon préventive avant l'infection si le risque de contamination est élevé.

22 Le risque électrique

Les accidents d'origine électrique sont dus à une mise en contact du corps humain avec des appareils électriques, sous tension, mal isolés ou défectueux. Les risques corporels sont graves et même mortels. L'accident électrique peut être accompagné de brûlures, d'incendie ou d'explosion.

> MOTS CLÉS : *tension, intensité, conducteur, électrisation, électrocution.*

1 L'origine des accidents dus à l'électricité

Les causes peuvent avoir deux origines :
– la nature des appareils : soit ils ont un défaut d'isolation, ou ils sont mal entretenus, soit les installations ne sont pas conformes aux normes...
– le comportement humain : le manque de formation ou le non-respect des consignes de sécurité sont fréquents. L'environnement peut être un facteur aggravant du risque, surtout la présence d'eau sur les mains ou le sol.

2 Les facteurs de gravité

La gravité des conséquences corporelles de l'accident électrique dépend de la tension (exprimée en volt, V), de la résistance que la personne offre au passage du courant, de l'intensité du courant (exprimée en ampère, A) et du temps que dure le contact avec le conducteur de courant.

3 Les deux types de contact électrique

• Le contact direct

Il se fait entre la personne et le conducteur actif (fils, câbles...) ou des pièces ou matériels sous tension.

• Le contact indirect

Il se fait avec des masses mises accidentellement sous tension comme, par exemple, le contact de la main avec la partie métallique d'un radiateur dont l'isolement est défectueux.

Les conséquences de l'électricité sur l'organisme

Le corps humain est conducteur du courant électrique. Il y a « choc électrique » lorsque le passage du courant s'effectue à travers le corps. L'électrisation ou décharge électrique se manifeste par des picotements, chocs, brûlures, avec des effets sur les organes vitaux. L'électrocution est une électrisation aux conséquences mortelles.

Les dommages corporels occasionnés par une électrisation

Les effets sur les organes dépendent aussi du trajet parcouru par le courant dans le corps.

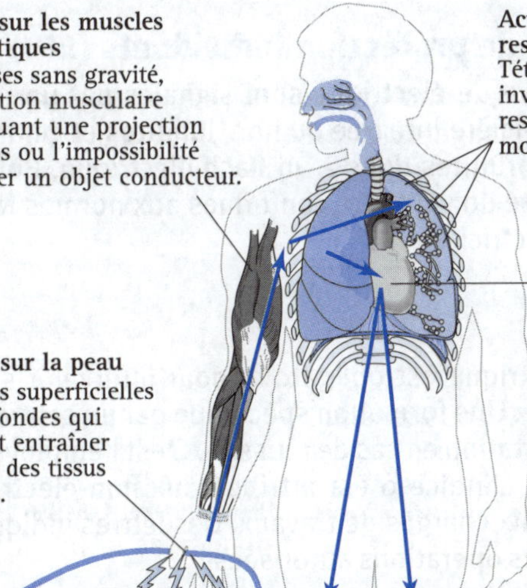

23 La prévention du risque électrique

La prévention du risque électrique dépend du respect des normes du matériel et des installations. Elle dépend aussi de la formation de l'utilisateur aux risques électriques et du respect des règles de sécurité.

> **MOTS CLÉS :** *prévention, mise à la terre, EPI.*

1 La sécurité du matériel et des installations électriques

Les machines bénéficient à la conception de la prévention intégrée. Celle-ci supprime les phénomènes dangereux ou en limite les risques.
Le matériel doit être utilisé selon les indications du constructeur. Les outils à mains doivent être isolés et isolants. La mise à la terre et le dispositif de coupure automatique en cas de défaut d'isolement évitent les chocs électriques indirects. Le changement des câbles dénudés des conducteurs évite les chocs électriques directs.

2 Les équipements de protection individuels (EPI)

Les gants contre le risque électrique sont signalés par un triangle double. Le casque à visière intégrée ou non, lunettes et écran facial protègent aussi des brûlures dues à un flash électrique. Bottes ou chaussures de sécurité doivent être conformes aux normes NF pour être isolantes de l'électricité.

3 La formation

Une habilitation électrique est obligatoire pour intervenir sur une installation électrique. Une formation spécifique par un centre agréé donne lieu à une attestation en cas de réussite. C'est l'employeur qui délivre l'habilitation. L'indice 0 est attribué aux non-électriciens, 1 aux électriciens, 2 aux chargés de travaux. Des lettres indiquent la tension et la nature des opérations autorisées.

Le respect des règles de sécurité électrique

Au quotidien, dans la vie personnelle, la vigilance évite les accidents. Surveiller l'état apparent du matériel, faire appel à un électricien, tenir compte des panneaux d'avertissement du danger électrique sont de mesures de prévention simples.

Tirer sur la fiche, pas sur le fil.

Placer le câble de façon à ne pas rouler dessus (sur l'épaule).

Couper le disjoncteur, travailler mains sèches.

Utiliser un extincteur de classe B (poudre).

Choisir, pour le matériel électrique, la classe I, outillage électrique relié à la terre, et la classe II double isolation, pour les appareils pour salle d'eau.

24 Le risque lié au bruit

Le bruit est à l'origine d'une sensation désagréable. L'exposition répétée à des sons trop intenses menace la santé et en premier lieu l'audition.

> MOTS CLÉS : *décibel, hertz, fatigue auditive, surdité.*

1 Le bruit

Le bruit est caractérisé par deux grandeurs physiques, l'intensité et la fréquence.

- **L'intensité sonore**

L'intensité sonore indique le niveau plus ou moins élevé d'un bruit. Il s'exprime en décibel (dB). L'échelle des bruits audibles s'étend de 0 décibel, seuil d'audibilité à, 120 décibels, seuil de la douleur pour l'oreille humaine.

- **La fréquence**

La fréquence identifie la tonalité d'un son. La fréquence s'exprime en hertz (Hz), Les fréquences entendues par l'homme sont comprises entre 20 hertz (sons graves) et 20 000 hertz (sons aigus). Le bruit peut être gênant par son intensité, sa tonalité, sa répétition ou, au contraire, par sa soudaineté lors d'une explosion par exemple.

2 Les effets du bruit

- **Les effets sur l'oreille**

Le bruit endommage la fonction auditive de l'oreille. Le bruit peut provoquer une fatigue auditive qui se traduit par une perte temporaire de l'audition. Lorsqu'il est répété et d'une intensité élevée, il est à l'origine d'une surdité qui peut être définitive.

- **Les autres effets du bruit**

Le bruit agit sur d'autres fonctions de l'organisme. Il perturbe le système nerveux en provoquant des troubles du sommeil, du comportement (nervosité). Il diminue l'attention et la concentration. Le bruit accélère le rythme respiratoire et le rythme cardiaque. Le bruit peut masquer un son utile et être à l'origine d'accident du travail.

La surdité professionnelle

La surdité est la deuxième maladie professionnelle. Elle s'apprécie selon des critères professionnels, médicaux ou administratifs précis inscrits dans le tableau n° 42 des maladies professionnelles. Ce tableau a été élargi suite au décret du 25 septembre 2003. La surdité peut toucher toutes les parties de l'oreille. Les cellules ciliées de la cochlée sont particulièrement fragiles.

Le phénomène de l'audition

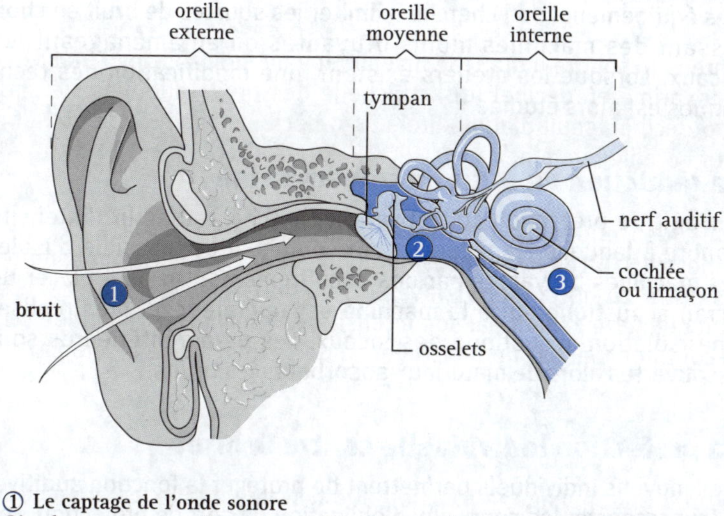

① **Le captage de l'onde sonore**
L'onde sonore est captée par le pavillon de l'oreille. Elle pénètre dans le conduit auditif et fait vibrer la membrane du tympan.

② **La transmission de l'onde sonore**
La vibration se propage aux osselets, qui la transmettent à l'oreille interne.

③ **La transformation de l'onde sonore**
Dans la cochlée, les 20 000 à 30 000 cellules ciliées reçoivent et transforment les vibrations en signaux électriques acheminés par le nerf auditif au cerveau.

25 La lutte contre le bruit

La lutte contre le bruit est nécessaire, un quart des salariés sont exposés à des nuisances sonores. Une nouvelle directive européenne abaisse le seuil des bruits autorisés dans l'entreprise, sa mise en application doit être effective en 2006.

> MOTS CLÉS : *nuisance sonore, sonomètre.*

1 La réduction du bruit à la source

Il s'agit de prévention intégrée, dès la conception des ateliers ou des équipements : on cherche à limiter les sources de bruit en choisissant des machines moins bruyantes ou en aménageant les locaux. Lorsque les ateliers existent, une modification des techniques est alors étudiée.

2 La réduction du bruit de transmission

Il s'agit de protection collective, on cherche à affaiblir l'intensité sonore à laquelle les salariés sont soumis. Il est possible d'isoler les machines bruyantes par des encoffrements. On peut placer un écran acoustique entre la machine et l'opérateur ou bien réaliser une isolation acoustique des locaux. Les parois intérieures sont recouvertes alors de matériaux absorbants les bruits.

3 La protection individuelle contre le bruit

Des moyens individuels permettent de protéger la fonction auditive. Il faut respecter les panneaux d'obligation de port de protection. Les protecteurs individuels doivent fournir un affaiblissement sonore suffisant, ils doivent être adaptés à l'activité et être confortables.

4 La limitation du temps d'exposition

Elle est efficace lorsqu'elle est suffisamment importante, elle permet d'abaisser la valeur moyenne d'exposition. L'utilisation de sonomètre portable permet de mesurer le niveau sonore auquel l'opérateur est réellement exposé. La surveillance médicale des personnes exposées à des bruits de niveau sonore élevé est obligatoire.

DOCUMENT

Le choix d'un moyen de prévention ou de protection

Ce choix s'effectue après un travail d'analyse des caractéristiques du local, des contraintes d'activités (présence humaine continue ou discontinue, intervention sur les machines bruyantes). Le recours aux protecteurs auditifs individuels est envisagé lorsque les autres moyens de prévention ne peuvent pas être mis en œuvre.

Les moyens de prévention

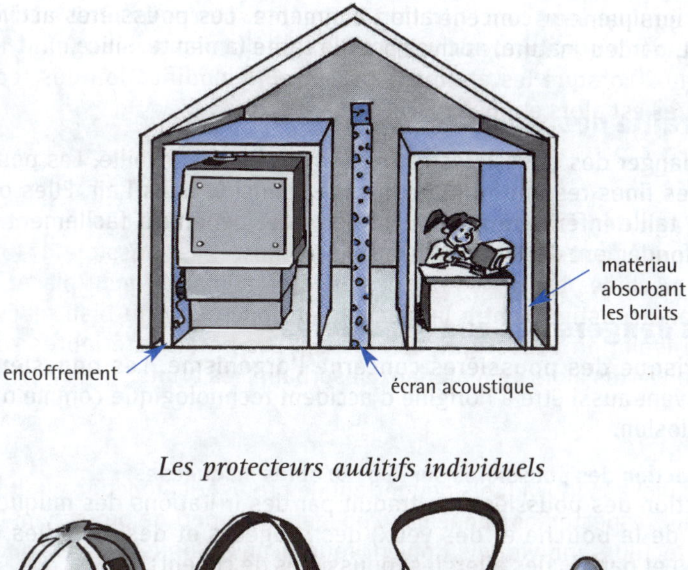

Les protecteurs auditifs individuels

26 Le risque lié aux poussières

Les poussières sont des particules solides microscopiques d'origines naturelles ou liées aux activités humaines. Elles peuvent nuire gravement à la santé des personnes qui les respirent.

> **MOTS CLÉS :** *poussières inertes, poussières actives, poussières fines.*

1 La nature des poussières

Les poussières inertes sont des poussières dont la composition n'est pas dangereuse pour l'organisme. Elles deviennent dangereuses lorsque leur concentration augmente. Les poussières actives sont, par leur nature, nocives pour la santé (amiante, silice...).

2 La taille des poussières

Le danger des poussières est également lié à leur taille. Les poussières fines restent longtemps en suspension dans l'air. Elles ont une taille inférieure à 10 micromètres et pénètrent facilement et profondément dans l'organisme.

3 Les dangers liés aux poussières

Le risque des poussières concerne l'organisme. Les poussières peuvent aussi être à l'origine d'accident technologique comme une explosion.

- **L'action des poussières sur la peau et les muqueuses**

L'action des poussières se traduit par des irritations des muqueuses de la bouche et des yeux, des rougeurs et des maladies de peau et parfois des allergies (poussières de ciment).

- **L'action des poussières sur l'appareil respiratoire**

Les poussières fines provoquent des irritations de la muqueuse des voies respiratoires qui se traduisent par une toux persistante, des maladies chroniques (rhinite, sinusite, bronchite), parfois par des maladies mortelles (cancer des poumons, cancer de la plèvre).

Les effets des poussières sur l'appareil respiratoire

Les poussières irritent les cellules de la paroi des voies respiratoires. Celles-ci réagissent en augmentant leur sécrétion de mucus dans le but de faciliter la remontée des poussières vers la gorge. Cependant, les poussières les plus fines atteignent les tissus pulmonaires et sont à l'origine de troubles graves irréversibles comme des cancers.

L'appareil respiratoire et les différentes atteintes possibles

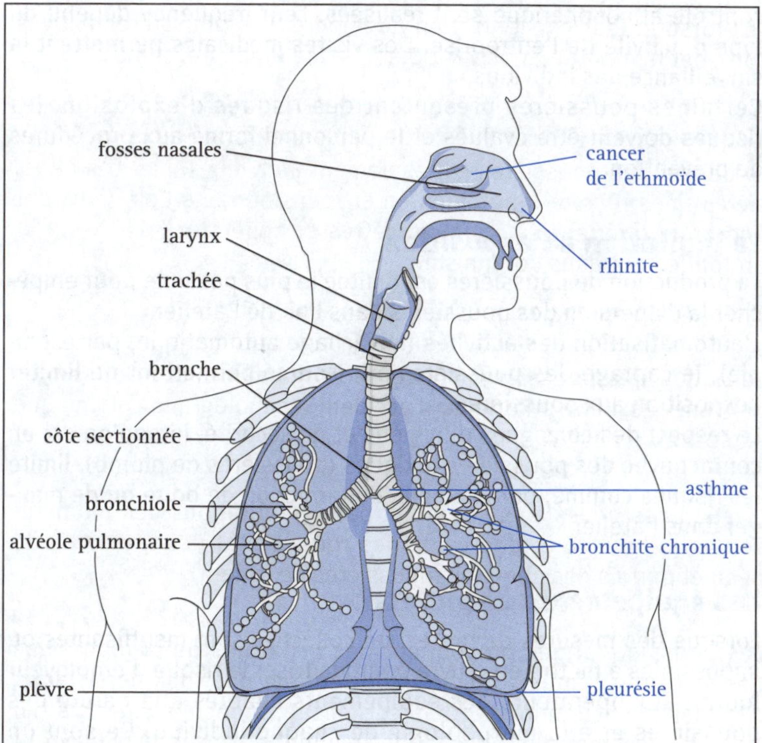

27 La prévention contre le risque lié aux poussières

La prévention du risque lié aux poussières cherche à améliorer la qualité de l'air et à limiter l'exposition de chaque individu aux poussières.

> MOTS CLÉS : *valeur moyenne d' exposition (VME), automatisation.*

1 L'évaluation du risque

En cas d'exposition à des poussières actives, des mesures de contrôle atmosphérique sont réalisées. Leur fréquence dépend du type d'activité de l'entreprise. Des visites médicales permettent la surveillance des individus.
Certaines poussières présentent des risques d'explosion, les risques doivent être évalués et le personnel formé aux procédures de prévention.

2 La limitation à l'exposition

La production de poussières est limitée le plus possible pour empêcher la dispersion des poussières dans l'air de l'atelier.
L'automatisation des activités (ensachage automatique, par exemple), le captage des poussières à la source permettent de limiter l'exposition aux poussières.
Le respect des consignes d'hygiène et de sécurité, lorsqu'on est en contact avec des poussières toxiques (poussières de plomb), limite les risques comme, par exemple, l'interdiction de boire ou de manger dans l'atelier.

3 Les équipements de protection

Lorsque des mesures de protection collective sont insuffisantes ou impossibles à mettre en œuvre pour maîtriser le risque, l'employeur fournit aux opérateurs des équipements adaptés à la nature des poussières et à la morphologie de chaque individu. Ce sont un masque respiratoire, des gants, une combinaison, des lunettes de protection.

La protection individuelle contre les poussières d'amiante

Le désamiantage des locaux est une obligation légale. Le personnel qui l'effectue est soumis à des règles strictes de protection, de conditions de travail et de suivi médical. En effet, les poussières d'amiante sont des particules fines très toxiques.

Un équipement individuel, source de fatigue

Les opérateurs sont équipés de vêtements de travail étanches fermés au cou, aux chevilles et aux poignets. Ces tenues sont jetables ou décontaminables. Les opérateurs portent également un appareil de protection respiratoire isolant à adduction d'air comprimé avec un masque complet, une cagoule ou un scaphandre. Ces tenues sont conformes à la réglementation.

28 Les risques liés à l'éclairage

Un bon éclairage est aussi indispensable au travail que dans la vie quotidienne. Il doit garantir le confort visuel, c'est-à-dire éviter la fatigue et la gêne visuelle, tout en assurant la qualité du travail.

> MOTS CLÉS : *confort visuel, fatigue visuelle, lombalgie.*

1 Les caractéristiques de la lumière

La lumière est une onde qui se propage à très grande vitesse. La lumière dite blanche est une superposition de composantes de couleurs, celles du spectre de l'arc en ciel.

2 Les sources lumineuses

Les sources produisant de la lumière ont deux origines :
– la lumière naturelle provenant du soleil ;
– la lumière artificielle produite par des lampes électriques à incandescence (ampoules électriques et halogènes) et par des lampes à décharge dans les gaz ou dans la vapeur métallique (lampes à fluor et tubes fluorescents).

3 Les effets d'un mauvais éclairage sur la santé

Les effets d'un mauvais éclairage ont des conséquences diverses.

• Les conséquences visuelles

La fatigue visuelle peut être due à un éclairage insuffisant ou instable. Elle se traduit par des larmoiements, des brûlures, des picotements et des rougeurs. La vision peut être trouble, présenter un voile ou l'apparition de taches sombres.

• Les douleurs physiques

De mauvaises postures peuvent avoir pour origine un éclairage insuffisant, ou mal placé. Les conséquences sont des lombalgies ou des cervicalgies. Des migraines et des vertiges peuvent provenir de troubles visuels.

Les éléments de l'œil et leurs rôles

La cornée protège l'œil, elle est hydratée en permanence par un film de larmes. Les rayons lumineux traversent les parties transparentes de l'œil et arrivent sur la rétine. Celle-ci transmet la sensation par un influx nerveux jusqu'au cerveau qui perçoit la sensation visuelle.

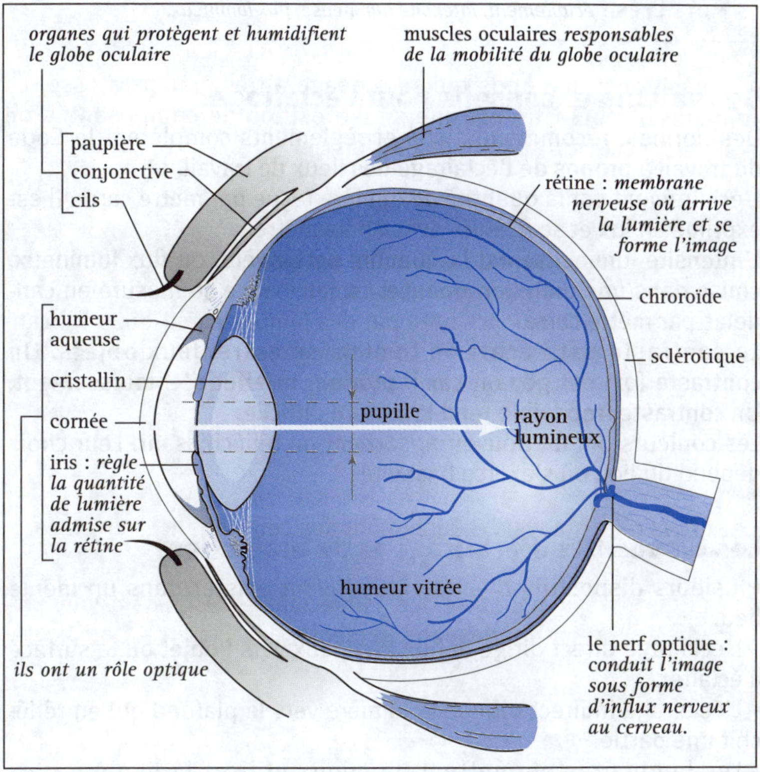

29 Les mesures d'amélioration de l'éclairage

Naturel ou artificiel, l'éclairage doit être bien utilisé. Les dispositifs et la quantité de lumière produite doivent être adaptés à l'activité et aux exigences du travail.

> MOTS CLÉS : *éclairement, intensité lumineuse, flux lumineux.*

1 Des valeurs et conseils pour l'éclairage

Des normes, recommandations et règlements complètent le Code du travail à propos de l'éclairage des lieux de travail.

L'éclairement est la quantité de lumière reçue par mètre carré. Il est exprimé en lux et se mesure avec un luxmètre.

L'intensité lumineuse est la quantité de lumière, ou flux lumineux, émise dans une direction donnée. La luminance se mesure en candelas par mètre carré.

Le contraste est l'écart de luminance entre deux objets. Un contraste fort est gênant car il produit un effet d'éblouissement. Un contraste trop faible rend la lecture difficile.

Les couleurs ont un pouvoir absorbant ou réfléchissant. Leur choix dépend du lieu où s'exerce l'activité.

2 Les dispositifs d'éclairage et de protection

Plusieurs dispositifs d'éclairage peuvent exister dans un même lieu.

– L'éclairage direct dirige le flux lumineux vers l'objet ou la surface à éclairer.

– L'éclairage indirect diffuse la lumière vers le plafond qui en réfléchit une partie.

– Les luminaires permettent de mieux utiliser la lumière ; les plus courants sont les réflecteurs, les diffuseurs et les grilles de défilement.

– Les lunettes de protection contre l'éblouissement sont nécessaires, par exemple dans le travail à l'arc, au laser, ou dans des activités de plein air et de conduite...

L'éclairage adapté aux activités

Un éclairage efficace assure confort visuel et sécurité. Certains aménagements peuvent rendre les conditions de travail plus confortables : placer le plan de travail de façon à éviter les reflets des luminaires ou de la lumière du jour dans l'écran et dans les yeux, réduire les contrastes par un éclairage général, installer un éclairage direct pour les claviers de commande...

Travail sur écran

Travail de précision

Lieux d'accueil et de réception

30 La charge mentale au travail

Pour mener à bien le travail demandé, l'opérateur doit faire des choix, mémoriser, s'adapter à des situations imprévues... Cette activité mentale représente une charge pour l'individu, appelée charge mentale.

> **MOTS CLÉS :** *charge mentale, stress positif, stress négatif.*

1 La charge mentale et ses effets

La charge mentale au travail augmente avec certaines conditions de travail : le manque d'organisation, de formation, un rythme de travail très rapide, ou un environnement très bruyant... D'autres facteurs comme les conflits de personnes, le harcèlement, l'insécurité de l'emploi sont des facteurs aggravants. La répétition de ces situations conduit au surmenage et au stress.

2 Le stress

Le stress est un état de tension qui provoque une réponse mentale et physique face à une stimulation ou une agression de l'environnement. Le stress peut être stimulant quand on maîtrise les situations et que l'on trouve des solutions : c'est le « stress positif ». Il peut être agressif quand on subit les situations sans trouver de solutions pour les améliorer : c'est le « stress négatif ».

– Les réponses de l'organisme au stress : le stress déclenche des réactions biologiques, nerveuses et hormonales qui augmentent le rythme cardiaque et respiratoire...

– Les conséquences physiques du stress : le stress prolongé peut provoquer des troubles du sommeil, de l'appétit et de la digestion, ou créer des tensions musculaires responsables de douleurs au dos, au cou...

– Les conséquences psychiques du stress : ce sont, par exemple, des manifestations de nervosité et d'agressivité, des crises de larmes et des difficultés de concentration. Le stress peut conduire à un état dépressif.

La gestion du stress

Le stress peut être d'origine familiale ou professionnelle. Reconnaître les manifestations du stress permet d'adopter des règles d'hygiène de vie. Dans l'entreprise, des personnes peuvent agir pour améliorer les conditions de travail.

Les solutions personnelles

- Choisir des priorités dans les tâches familiales ou professionnelles.
- Préserver un temps suffisant de sommeil.
- Se ménager des temps de repos.
- Prendre le temps de manger et équilibrer son alimentation.
- Réduire la consommation d'excitants comme le café, l'alcool, le tabac.
- Avoir une activité physique modérée.
- Savoir dire non à une surcharge de travail.

Les solutions professionnelles

Le médecin du travail et les représentants du personnel ou au CHSCT peuvent transmettre des demandes d'amélioration des conditions de travail. Ils peuvent intervenir dans l'amélioration de la communication entre les personnes et la hiérarchie, proposer de réorganiser le travail pour éviter les surcharges, demander des améliorations de l'environnement de travail : espace, matériel, lutte contre le bruit...

31 Le harcèlement au travail

Le harcèlement au travail peut être de nature sexuelle ou morale. Quand le harcèlement est prouvé, les auteurs sont sanctionnés par la loi. Le Code pénal prévoit comme sanction contre le harceleur un an d'emprisonnement et 15 000 euros d'amende.

> **MOTS CLÉS :** *harcèlement moral, harcèlement sexuel, médiateur.*

1 Le harcèlement moral

La loi définit ainsi le harcèlement moral au travail : « Une dégradation des conditions de travail susceptible de porter atteinte aux droits du salarié et à sa dignité, d'altérer sa santé physique ou mentale et de compromettre son avenir professionnel. »

Le harcèlement peut prendre la forme de brimades, d'insultes, de mise à l'écart, de privation de travail, ou de critique permanente de la qualité du travail... Les conséquences sont une perte de confiance en soi, un état de stress permanent, accompagnés d'insomnies et de douleurs physiques. Le harcèlement peut conduire à la dépression, à la démission, au suicide...

2 Le harcèlement sexuel

Le harcèlement sexuel est « le fait pour toute personne de harceler autrui par des agissements dont le but est d'obtenir des faveurs de nature sexuelle à son profit ou au profit d'un tiers ».
Par exemple, est retenu comme du harcèlement le fait de lier une promotion ou une embauche à des pressions de nature sexuelle.

3 La preuve du harcèlement

Dans les deux types de harcèlement, la victime (le demandeur) doit établir les faits qui prouvent qu'il est harcelé. L'accusé (le défendeur) doit prouver que ses agissements ne sont pas des actions de harcèlement. Les victimes et les témoins sont protégés par la loi contre toute sanction ou licenciement.

Les mesures de prévention et les moyens de défense contre le harcèlement

Dans les cas de harcèlement, il faut en parler avant que la situation ne devienne ingérable. Il faut réunir des preuves matérielles et des témoignages. Des structures et des personnes peuvent aider le salarié dans l'entreprise et hors de l'entreprise.

Le médecin du travail	Le médecin personnel
Il est garant de la santé des salariés au travail. Il doit être prévenu de la situation. Il peut suggérer un changement de poste ou une mutation.	Seul le médecin traitant est autorisé actuellement à prescrire un arrêt maladie qui préserve du harcèlement. Il peut se mettre en rapport avec le médecin du travail.
Les délégués du personnel ou du CHSCT	**Le conseil des prud'hommes**
Après avoir été informés, ils sont tenus d'alerter l'employeur et l'inspecteur du travail. L'employeur a l'obligation de procéder à une enquête et de faire cesser les agissements.	Il peut être saisi quand la médiation n'a pas réussi. Il intervient en cas de licenciement abusif consécutif aux méthodes de harcèlement sexuel et en cas de démission dans le cas de harcèlement moral.
Le médiateur	**Les associations de défense des victimes de harcèlement**
Il ne peut intervenir qu'en cas de harcèlement moral. Il peut être sollicité aussi bien par la victime que par l'auteur accusé de harcèlement. C'est un salarié ou un conseiller des prud'hommes.	Elles peuvent écouter et conseiller les victimes, ou les aider dans leurs démarches.

32 Les accidents du travail et les maladies professionnelles

Les accidents et maladies dus à l'exercice d'une profession sont définis et réglementés par la loi.

> **MOTS CLÉS :** *accident du travail, maladie professionnelle, prestations.*

1 Les accidents du travail

Est appelé accident du travail un accident survenu par le fait ou à l'occasion du travail à un salarié.
Un accident du travail peut se produire sur les lieux du travail, sur le trajet domicile-travail, ou au cours d'un déplacement ordonné par l'employeur.

2 Les maladies professionnelles

Une maladie professionnelle est une maladie qui résulte de l'exposition plus ou moins prolongée à des nuisances ou à un risque existant au travail.
Les maladies professionnelles sont inscrites sur une liste officielle.

3 Les prestations

Les salariés accidentés ou malades bénéficient de différents types de prestations.

Des prestations en nature : gratuité de tous les soins à condition d'utiliser la feuille d'accident de travail et maladie professionnelle chez les professionnels de la santé et les pharmaciens.

Des prestations en espèces :
– des indemnités journalières en cas d'arrêt de travail ;
– une rente : dans le cas d'une invalidité reconnue par le médecin de la Sécurité sociale, une rente est versée au salarié. Le montant varie avec le taux d'invalidité reconnu ;
– des indemnités au conjoint et aux enfants en cas de décès du salarié.

Les démarches

Des démarches s'imposent aux salariés victimes d'accidents du travail ou de maladies professionnelles pour bénéficier des droits particuliers à ces situations.

La déclaration d'un accident du travail

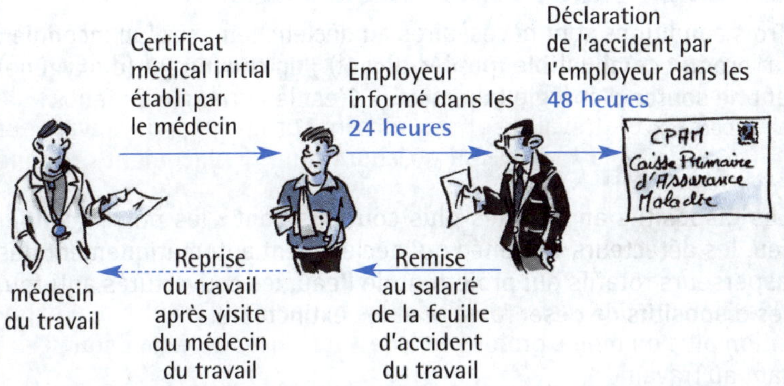

La demande de reconnaissance de maladie professionnelle

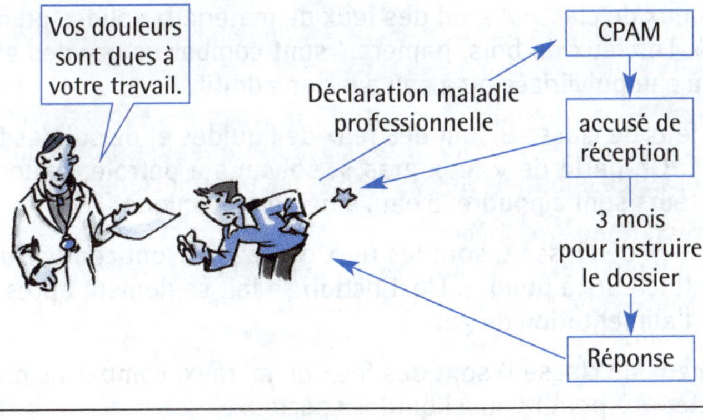

33 La lutte contre l'incendie

C'est la rapidité de détection du feu qui fait l'efficacité de l'intervention pour l'arrêter. La vue du feu, une odeur suspecte, un dégagement de chaleur sont les signes courants d'un début d'incendie.

< MOTS CLÉS : *alarme, classes de feu, extincteurs, plan d'évacuation.*

1 Les conditions de départ de l'incendie

Trois conditions sont nécessaires au déclenchement d'un incendie : un produit combustible (papier, alcool) ; un comburant (dioxygène) et une source d'énergie (allumette). C'est le « triangle du feu ».

2 Les dispositifs anti-feu

Les dispositifs anti-feu les plus courants sont : les portes coupe-feu, les détecteurs de fumée qui déclenchent automatiquement des asperseurs rotatifs qui projettent de l'eau, les couvertures anti-feu, les dispositifs de désenfumage et les extincteurs.

3 Les différentes classes de feux et leur extinction

Le choix de l'extincteur se fait en fonction du type de feux. La classe de feu est inscrite sur l'extincteur.

– Les feux de classe A sont des feux de matériaux solides ou « feux secs ». Les feux de bois, papiers... sont combattus par des extincteurs à eau pulvérisée ou à eau avec un additif.

– Les feux de classe B sont des feux de liquides et de solides liquéfiables. On parle de « feux gras », solvants à pétrole, huiles. Les extincteurs sont à poudre, à eau, à neige carbonique.

– Les feux de classe C sont les feux de gaz. Ils sont combattus par des extincteurs à poudre. L'extinction se fait seulement après avoir coupé l'alimentation de gaz.

– Les feux de classe D sont des feux de métaux, combattus par des extincteurs à poudre ou à liquides spéciaux.

L'attitude en cas d'incendie

En cas d'incendie, il faut réagir avec calme mais rapidité et suivre les instructions apprises lors des exercices obligatoires. L'alarme doit être donnée avant de prendre l'extincteur.

1 Alarmer

Appeler de vive voix ou déclencher le réseau d'alarme ou appeler le poste prévu dans l'entreprise, qui appellera le 18 : les pompiers.

2 Attaquer le feu

Si vous êtes témoin d'un départ d'incendie, cherchez à étouffer le feu. Choisissez l'extincteur adapté, dégoupillez et attaquez toujours les flammes par le bas.

3 Évacuer les locaux

Suivre les itinéraires fléchés de sortie des locaux, rejoindre les points de rassemblement.

Dès l'audition du signal sonore ou sur un ordre d'évacuation, quittez les locaux calmement.

N'utilisez pas les ascenseurs.

Empruntez les cheminements d'évacuation (couloirs, sorties de secours, escaliers).

Suivez les indications de l'équipe locale de sécurité.

Jusqu'à l'extérieur du bâtiment.

34 Les gestes de premiers secours

Le sauveteur secouriste doit appliquer les gestes appris dans les formations au premiers secours. Il doit protéger, examiner la victime, faire le geste technique adapté et faire alerter.

> **MOTS CLÉS :** *message d' alerte, PLS, massage cardiaque, bouche à bouche.*

1 L'alerte

L'appel des secours dépend de l'état de la ou des victimes : le SAMU (15) en cas d'arrêt respiratoire, sinon les pompiers (18).
Le message d'alerte doit contenir les données suivantes :
– l'adresse précise du lieu de l'accident : numéro, rue, avenue, numéro de bâtiment, étage, ville ;
– la nature de l'accident (chute de hauteur, accident de la route...) ;
– le nombre de victimes et leur état apparent (saigne, inconscient) ;
– le geste de secours entrepris par le secouriste.
Il ne faut jamais raccrocher le premier.

2 La victime saigne abondamment

Le secouriste comprime la plaie avec la paume de la main ou un pansement compressif, fait allonger la victime, surélève le membre blessé, fait donner l'alerte. En cas de fracture ouverte ou de corps étrangers dans la plaie, il fait un point de compression.

3 La victime est inconsciente et respire

Le secouriste contrôle la respiration puis la conscience de la victime. Si la victime ne répond pas, il procède à la mise sur le côté (PLS) tout en donnant le message d'alerte.

4 La victime est inconsciente et ne respire pas

Le secouriste réalise 2 insufflations et transmet le message d'alerte au témoin et si la victime ne tousse pas, ne bouge pas, il pratique 15 massages cardiaques. Il recommence ce cycle jusqu'à l'arrivée des secours, sauf en cas de signe de reprise circulatoire.

Trois gestes techniques de premiers secours

Le secouriste apprécie l'état de la victime et commence immédiatement le geste de secours adapté. Il donne le message d'alerte au témoin. Il couvre la victime et la rassure en attendant les secours.

Saignement abondant

Mise sur le côté (PLS)

Bouche à bouche et massage cardiaque

35 Les biens et les services

Les biens et les services sont proposés par les entreprises privées ou par les services publics pour répondre aux besoins des consommateurs.

> MOTS CLÉS : *bien, besoin, service marchand, service non marchand.*

1 Les biens

Les biens sont des produits naturels ou des objets fabriqués par des entreprises. Ils sont mis à la disposition des consommateurs en échange d'une somme d'argent.

2 Les services

- **Les services marchands**

Les services marchands sont proposés par les entreprises privées ou publiques. Par exemple, le nettoyage d'un vêtement, la place de cinéma, l'accès à un réseau de téléphonie sont des services payants. Leur prix correspond au coût du travail fourni et à l'investissement nécessaire pour assurer le service.

- **Les services non marchands**

Les services non marchands sont gratuits ou quasi gratuits car ils sont financés en totalité ou en partie par l'État, la région, le département ou la commune. Ce sont des services tels que les soins à l'hôpital, l'éducation, la sécurité, les transports en commun...

3 Les besoins

Les besoins varient selon les individus, leur mode de vie et leurs revenus. Tous les individus ont des besoins primaires, essentiels à leur survie. Ils correspondent au besoin de nourriture, de logement et d'habillement. Les besoins secondaires apparaissent lorsque le niveau de vie le permet. Ils contribuent à améliorer les conditions de vie : se divertir, améliorer l'habitat, varier les vêtements... Les besoins tertiaires contribuent à valoriser la personne par des objets de consommation de luxe : les bijoux, les voitures...

Les biens et les services au quotidien

Au cours d'une journée, chaque individu, quels que soient son âge, son niveau de vie ou son mode de vie, consomme des biens et des services. Ses besoins sont ainsi satisfaits. Dans une société de consommation, les entreprises incitent à l'utilisation de biens et de services en créant de nouveaux besoins de consommation : téléphonie mobile, Internet, DVD, Mp3, accessoires de mode...

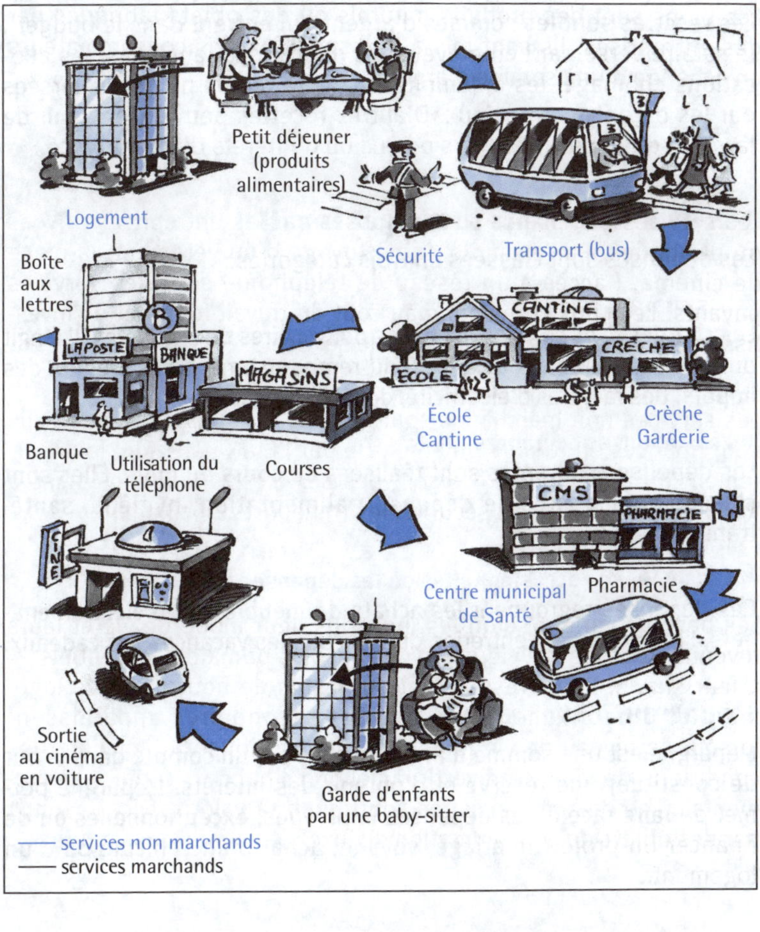

36 Le budget familial

Le budget familial consiste à établir, sur un mois généralement, le montant des recettes (entrées d'argent) et le montant des dépenses (sorties d'argent).

> MOTS CLÉS : *recettes, dépenses, solde, épargne.*

1 Les recettes dans le budget familial

Les recettes sont les sommes d'argent qui entrent dans le budget : le salaire versé par l'employeur, les allocations familiales, les allocations chômage, les indemnités maladie ou les pensions versées par les organismes sociaux. D'autres recettes peuvent provenir de la vente d'un bien, de loyers perçus ou d'intérêts d'argent placé.

2 Les dépenses dans le budget familial

Les dépenses sont classées en trois catégories.

- **Les charges fixes**

Les charges fixes sont les dépenses obligatoires ou régulières. Il s'agit du loyer, des charges locatives, du remboursement des crédits, des impôts, des factures d'électricité, de téléphone...

- **Les dépenses courantes**

Les dépenses courantes sont réalisées au cours du mois. Elles sont classées par postes de dépense : alimentation, hygiène, santé, transport, sorties...

- **Les dépenses occasionnelles ou les dépenses d'équipement**

Ces dépenses regroupent les achats de meubles ou d'électroménagers, l'habillement, l'entretien du véhicule, les vacances, les cadeaux.

3 L'épargne

L'épargne est une somme d'argent placée sur un compte dans le but de constituer une réserve et d'obtenir des intérêts. L'épargne permet de faire face à des dépenses imprévues, exceptionnelles ou de financer un projet : mariage, voyage, achat d'un véhicule ou d'un logement...

La gestion du budget familial

La gestion du budget consiste à planifier ou à adapter les dépenses en fonction de l'argent disponible dans le budget. Elle permet de limiter le risque de déficit budgétaire et ses conséquences : frais et interdiction bancaire, endettement.

Les règles de la gestion d'un budget

Recettes		Dépenses	
Nature	**Montant**	**Nature**	**Montant**
• Salaires		*Dépenses fixes*	
		• Loyer	
		• Remboursements crédits	
		• Taxe foncière	
• Primes		• Impôts sur le revenu	
		• Eau	
		• Téléphone	
• Assedic		• Redevance TV	
		• Assurances	
		• Divers	
		Dépenses courantes	
• Pension		• Alimentation	
		• Santé	
		• Transport	
		• Tabac - jeux	
• Retraites		• Vacances - loisirs	
		• Divers	
		Dépenses d'équipement	
• Autres allocations		• Habillement	
		• Meubles - électroménager	
		• Véhicule	
		• Divers	
Total des recettes		***Total des dépenses***	

- Planifier, c'est-à-dire faire le total des dépenses de l'année puis diviser par 12 pour connaître le montant mensuel des dépenses à prévoir dans le budget.
- Mettre de l'argent de côté tous les mois pour payer les charges fixes trimestrielles, semestrielles ou annuelles.
- Opter pour la mensualisation des factures d'électricité, des impôts, des assurances...
- Calculer le solde du budget en fin de mois :

solde = recettes – dépenses.

Celui-ci doit être positif ou égal à zéro. S'il est négatif, réduire les dépenses non obligatoires.

37 Le crédit et le surendettement

Le crédit permet de disposer d'une somme d'argent pour financer l'achat de biens ou de services. L'excès de crédit peut conduire à des situations de surendettement.

> MOTS CLÉS : *prêteur, emprunteur, mensualités, taux d'intérêt.*

1 Le principe du crédit

Le prêteur, organisme de crédit ou la banque, prête une somme d'argent à l'emprunteur. Celui-ci s'engage à rembourser la somme prêtée plus les intérêts d'emprunt, par mensualités.

2 La réglementation en matière de crédit

• L'offre préalable de crédit

C'est un document écrit et remis à l'emprunteur. Il contient les conditions du crédit : somme prêtée, durée du prêt, frais de dossier et d'assurance, taux annuel effectif global (TAEG), montant des mensualités et montant des intérêts. L'emprunteur dispose d'un délai de réflexion de quinze jours.

• Le contrat de crédit

L'offre préalable de crédit se transforme en contrat de crédit dès qu'elle est signée par l'emprunteur. Celui-ci dispose d'un délai de réflexion de sept jours pour renoncer au crédit. Ce délai est de trois jours en cas de livraison du bien financé par le crédit.

3 Le surendettement

Le surendettement est la situation dans laquelle se trouve une personne qui ne peut plus rembourser son crédit ou payer ses charges. Le surendettement est dû à l'excès de crédits ou de charges dans le budget. Il est également dû à la baisse de revenus suite à un « accident de la vie » : chômage, maladie, divorce, décès...

Dans chaque département, une commission de surendettement étudie les situations financières. Elle propose des aménagements de remboursement de la dette en accord avec les créanciers. Dans les cas les plus graves, elle propose un effacement de la dette.

La prévention du surendettement

Avant de s'engager en signant un contrat de crédit, il est conseillé de réfléchir à sa situation familiale, professionnelle et financière :
– limiter les crédits : le découvert bancaire, le crédit permanent, les cartes de paiement magasins sont des formes de crédit ;
– calculer la part du budget à consacrer aux remboursements des crédits, c'est le taux d'endettement, qui doit être inférieur à 25 % des revenus ;
– prendre connaissance des conditions de crédit et renoncer dans les sept jours si nécessaire.

Les conditions de crédit

OFFRE PRÉALABLE D'OUVERTURE DE CRÉDIT

Centre Bancaire Bordelais
33600 Mérignac

La présente offre est faite le *30 sept. 2004* Elle est valable 15 jours.
La présente offre est établie par le CBB, organisme prêteur qui se réserve le droit d'accorder ou de refuser le crédit dans un délai de 7 jours à compter de votre acceptation.
La présente offre est faite à :
Vous (emprunteur)
Identification — Nom *LALON* — Prénoms *Charlotte Anaïs*
Adresse *25 rue des Glycines*
21000 DIJON
Profession *Coiffeuse*
Situation familiale et financière *Célibataire*
Revenus mensuels : *1 500 €* — Charges mensuelles *500 €*

Caractéristiques du prêt
Montant *1 000 €* — Durée *24 mois* — TEG annuel *9,9 %*
Échéance assurance incluse *46 €* — Coût du crédit *104 €*

Je soussignée *Lalon Charlotte* déclare accepter la présente offre de crédit.
Je déclare sur l'honneur que les renseignements sont exacts.
Je reconnais avoir pris connaissance des conditions du contrat, d'être en possession d'un exemplaire de cette offre, doté d'un formulaire détachable de rétractation.
Signature — Précédée de la mention manuscrite « lu et approuvé »
À *Dijon* Le *10 octobre 2004* — *Lu et approuvé*
Lalon

À renvoyer uniquement si vous désirez renoncer à cette offre, au plus tard dans les 7 jours suivant votre acceptation, par lettre recommandée avec accusé de réception à CBB 33600 MÉRIGNAC
Nom (en majuscules) :
Prénoms :
N° — Rue
Code postal — Ville (en majuscule) :
Je déclare renoncer à l'offre de crédit de : € de CBB.
Que j'avais accepté le :

Bordereau de rétractation
Cette rétractation n'est valable que si elle est adressée avant l'expiration des délais rappelés ci-dessus (& III. 2. a) relatifs à la rétractation de l'acceptation, lisiblement et parfaitement remplie.

Date et signature de l'emprunteur

38 Les circuits de distribution

Les circuits de distribution permettent d'acheminer des produits du lieu de production jusqu'au lieu de distribution aux consommateurs. Différents intermédiaires interviennent dans ces circuits.

> **MOTS CLÉS :** *producteur, intermédiaire, grossiste, distributeur.*

1 Les producteurs

Les producteurs sont à la base du circuit de distribution. Ils fabriquent ou produisent des biens qui répondent aux besoins de consommation : denrées alimentaires, vêtements, matériel hi-fi... Le producteur paie les matières premières, le matériel et la main-d'œuvre. Ce sont les coûts de production. Le prix du produit est fixé en partie en fonction de ces coûts.

2 Les intermédiaires

Les intermédiaires font le lien entre le producteur et le distributeur.

- **L'expéditeur**

L'expéditeur achète une production, il trie, calibre, emballe puis expédie le produit chez le grossiste. Les frais de fonctionnement de l'expéditeur et les coûts du transport augmentent le prix du produit.

- **Le grossiste**

Le grossiste stocke les produits avant de les revendre aux distributeurs. Le prix de la revente comprend les frais liés à son activité et sa marge bénéficiaire.

3 Les distributeurs

Les distributeurs sont des détaillants de petits commerces, de marchés ou de grandes surfaces. Ils proposent à la vente les produits qu'ils ont achetés aux grossistes. Le prix de vente au consommateur dépend du prix d'achat chez le grossiste, des frais de fonctionnement du magasin et de la marge bénéficiaire du distributeur.

Le circuit du commerce équitable

Le circuit du commerce équitable met en relation les producteurs des pays en développement avec les consommateurs des pays développés en limitant les intermédiaires. L'objectif est de permettre aux petits producteurs de vendre leur production à un prix correspondant à leur travail et de vivre décemment. Les produits du commerce équitable sont reconnaissables par un label.

Au Nord : les consommateurs

Le commerce équitable garantit aux consommateurs :
- la qualité des produits ;
- des conditions de production socialement acceptables.

Le consommateur réalise un acte économique et un acte de solidarité.

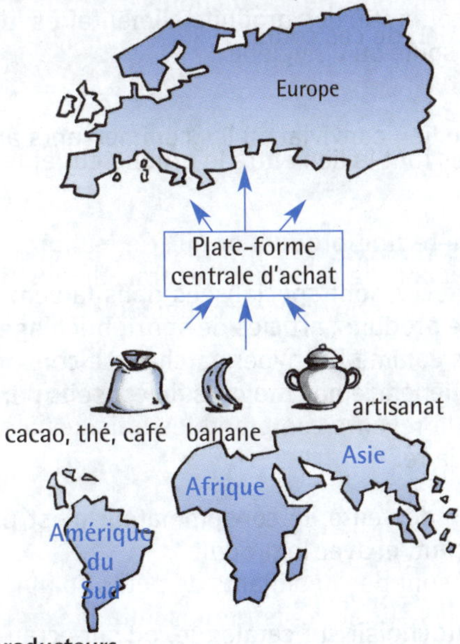

Au Sud : les producteurs

Le commerce équitable garantit aux producteurs :
- une juste rémunération de leur travail ;
- un circuit de distribution avec moins d'intermédiaires ;
- des investissements pour le développement local : école, centre de soins, matériel, etc. ;
- l'élimination du travail forcé et du travail des enfants.

39 Les achats

Les consommateurs effectuent leurs achats dans des lieux de vente, les magasins, ou par des systèmes de vente, comme la vente par correspondance. L'achat nécessite un moyen de paiement.

> MOTS CLÉS : *vente directe, vente indirecte.*

1 La vente directe

La vente directe est le système qui met en relation directe le consommateur, le produit et le commerçant.

• Les commerces de proximité

Dans les quartiers, des commerces proposent des produits de consommation courante, des produits alimentaires, des vêtements, des produits de soins ou d'hygiène...

• Les marchés

Le marché est un lieu convivial où les commerçants ambulants vendent leurs produits.

2 Les grandes surfaces

Les grandes surfaces sont spécialisées dans la vente en libre service d'un type de produits, articles de sport, bricolage, meubles, ou non spécialisées comme les hypermarchés. Le consommateur a du choix mais il ne bénéficie pas toujours de conseils personnalisés.

3 La vente indirecte

Dans ce système de vente, le consommateur n'est pas en contact avec le commerçant, ni avec le produit.

• La vente par correspondance

Le consommateur choisit sur catalogue, ou sur écran de télévision, puis il commande pour être livré à son domicile.

• Le commerce électronique

Le consommateur utilise Internet. Ainsi, il peut réaliser ses achats à toute heure, mais il ne bénéficie pas de conseils.

Les différents moyens de paiement

Les moyens de paiement évoluent pour être de plus en plus sûrs et plus faciles d'utilisation. Le consommateur doit rester vigilant pour éviter les utilisations frauduleuses de ses moyens de paiement : le chèque volé ou la carte bancaire. Il doit vérifier les débits opérés sur son compte bancaire.

L'espèce : les pièces et les billets permettent de payer des achats de petits montants.

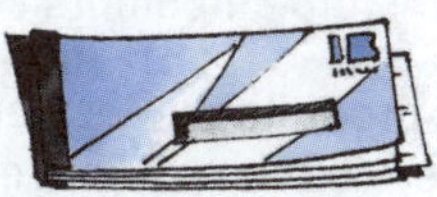

Le chèque : c'est un moyen de paiement disponible pour les personnes titulaires d'un compte bancaire. Un commerçant peut refuser un paiement par chèque.

La carte bancaire : elle est attribuée au titulaire d'un compte bancaire qui en fait la demande. Il signe un contrat et paie une cotisation annuelle.

Le porte-monnaie électronique : c'est une carte sur laquelle on crédite une somme d'argent. Elle permet de payer de petites dépenses chez les commerçants équipés de Monéo.

Le virement ou le prélèvement : la banque débite le compte bancaire après autorisation du titulaire du compte.

40 L'étiquetage

L'étiquetage informe le consommateur. Les informations doivent être lisibles, rédigées en français et ne pas induire le consommateur en erreur.

> MOTS CLÉS : *marque de qualité, mentions obligatoires, mentions facultatives.*

1 L'information sur le produit

Sur certains produits tels que les denrées alimentaires, les meubles, les textiles, les produits d'hygiène, les produits dangereux, les jouets, le tabac, l'étiquetage est obligatoire. Il informe sur les caractéristiques du produit : sa composition, son mode d'emploi, sa provenance... L'étiquetage donne des indications au consommateur pour lui permettre d'effectuer des choix et pour garantir sa sécurité.

2 L'information sur le prix

Le commerçant est tenu d'afficher les prix des produits ou des services mis en vente. L'étiquetage doit être lisible, visible, exprimé en euros et toutes taxes comprises. Pour les produits préemballés, le prix doit faire apparaître le prix unitaire, le poids ou le volume et le prix du produit. Cette information facilite le choix du consommateur qui peut comparer les prix et faire jouer la concurrence.

3 L'information sur la qualité

Les produits alimentaires qui répondent à des critères de qualité, de mode de fabrication ou de lieu de production, peuvent obtenir une marque de qualité. En France, il existe quatre marques officielles de qualité : label rouge, agriculture biologique, atout certifié qualité et appellation d'origine contrôlée (AOC). Pour les produits non alimentaires et les services, les marques NF (norme française) et CE (communauté européenne) garantissent la conformité et la sécurité des produits.

DOCUMENT

L'étiquetage des produits alimentaires

La réglementation définit les informations obligatoires à fournir au consommateur. Ce sont les mentions obligatoires. D'autres informations peuvent être ajoutées par le fabricant. Elles n'ont pas de caractères obligatoires mais elles complètent l'information. Ce sont les mentions facultatives.

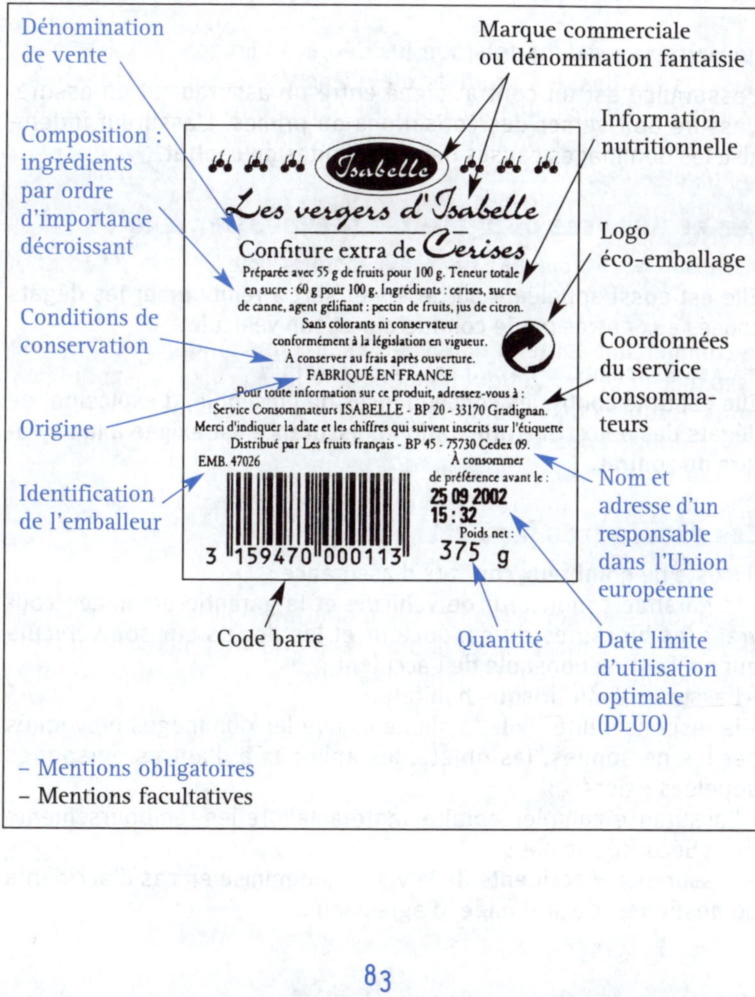

41 Les assurances

Les assurances garantissent les biens et les personnes contre des risques. Elles versent aux assurés ou aux autres victimes des indemnités pour rembourser des dégâts matériels et corporels et une rente en cas d'incapacité physique.

> **MOTS CLÉS :** *indemnité, rente, cotisation, tiers, responsabilité civile.*

1 Le principe de l'assurance

L'assurance est un contrat signé entre un assureur et un assuré. L'assuré doit verser des cotisations ou primes. L'assureur indemnise les dommages causés dans les limites du contrat.

2 Les assurances obligatoires prévues par la loi

• L'assurance automobile de responsabilité civile

Elle est aussi appelée « au tiers » et sert à rembourser les dégâts causés aux autres par le conducteur et son véhicule.

• L'assurance responsabilité civile du locataire

Elle est utile contre les conséquences de l'incendie, d'explosion, de dégâts des eaux. Une attestation d'assurance est exigée à la signature du contrat.

3 Les assurances facultatives

Il existe de nombreux contrats d'assurance :

– la garantie conducteur de véhicule et la garantie dommage couvrent les blessures du conducteur et les dégâts sur son véhicule quand il est responsable de l'accident ;

– l'assurance multirisque habitation ;

– la responsabilité civile familiale couvre les dommages provoqués par les personnes, les objets, les animaux à d'autres personnes appelées « tiers » ;

– l'assurance complémentaire santé améliore les remboursements de la Sécurité sociale ;

– l'assurance « accidents de la vie » : indemnise en cas d'accidents domestiques, de jardinage, d'agression…

Le contenu obligatoire d'un contrat d'assurance

Les conditions d'engagement figurent dans le contrat. Il doit être lu et compris avant d'être signé.

Les clauses obligatoires d'un contrat d'assurance

Compagnie d'assurances
Adresse

Souscripteur (assuré)
Adresse

Type de contrat *(ex. : multirisque habitation)*
N° du contrat : *(à rappeler dans tout courrier)*

Conditions générales : *Communes à tous les assurés. Décrivent les garanties (risques couverts). Fixent les engagements réciproques.*

→ Durée du contrat et renouvellement
→ Limites et exclusions de la garantie : ce *qui n'est pas garanti.*
→ Résiliation : *conditions de rupture définitive du contrat.*
→ Déclaration de sinistre : *délais et conditions.*

Conditions particulières : *adaptation des conditions générales au cas de l'assuré.*

Échéance : *date à laquelle doit être payée la cotisation.*

Date d'effet du contrat : jour/mois/année *date à partir de laquelle le contrat prend effet (date de départ de la couverture des risques).*

Fait le
Signature de l'assureur

Signature de l'assuré

42 Les assurances, démarches en cas de sinistre

Le sinistre est l'arrivée imprévisible d'un risque contre lequel une personne s'est assurée. Le but est d'obtenir des dédommagements. Ceux-ci se feront en fonction des clauses du contrat.

> **MOTS CLÉS :** *sinistre, expert, dommage, constat amiable, constat de police.*

1 La déclaration de sinistre

C'est de la déclaration de sinistre que dépend son règlement. Elle doit se faire par écrit et être envoyée par lettre recommandée avec avis de réception. Les délais de déclaration sont précisés dans le contrat d'assurance.
Le numéro du contrat est indispensable pour identifier l'assuré et le risque couvert. L'assuré n'est couvert que s'il a payé ses cotisations.

2 Le vocabulaire des assurances

Le vocabulaire facilite la compréhension du contrat et les démarches en cas de sinistre.

Un expert est une personne désignée par la compagnie d'assurances pour estimer la valeur des biens et le montant des dommages aussi bien corporels que matériels.

La franchise est la somme qui reste à la charge de l'assuré dans le cas d'un sinistre.

L'indemnité est la somme versée par l'assureur pour dédommager l'assuré ou la victime à la suite d'un sinistre.

Le risque est un événement incertain contre lequel on veut s'assurer.

Un sinistre est un événement (vol, accident corporel...) qui fait jouer les garanties du contrat.

Les démarches en cas de sinistre

La première démarche est une déclaration de sinistre. La suite dépend du type de sinistre et de sa gravité : constat de police, constat amiable. Dans certains cas, il faut fournir des factures (vols, dégâts des eaux, incendie...).

Exemple : un accident de la route

Cas 1 : la victime est le conducteur, lui-même seul responsable

Cas 2 : le conducteur est responsable contre un autre véhicule

Déclaration d'accident

- **Accident matériel**

CONSTAT

Nom : ....

Prénom : ....

....

....

....

....

- **Accident matériel de deux véhicules selon la gravité :**
  – Constat amiable signé par les deux conducteurs ;
  – Constat de police envoyé à chaque assureur.
- **Accident corporel**
  Constat de police obligatoire et expertise médicale.

Expertise des véhicules, estimation du montant des réparations

43 Les déchets : origine, impact sur l'environnement, élimination

La fabrication des biens produit des déchets. Le consommateur qui les utilise produit environ 380 kg de déchets par an. Le stockage et l'élimination posent un problème d'environnement.

> MOTS CLÉS : *encombrants, incinération, valorisation, recyclage.*

1 La production des déchets

• Les déchets ménagers

Ils sont constitués essentiellement d'emballages mais aussi de restes d'aliments, de déchets verts (jardin), de journaux et de papiers, de vêtements usagés...

• Les déchets toxiques

Ce sont, par exemple, les huiles de vidange, les restes de peinture, les piles et batteries, les médicaments...

• Les « encombrants »

Ce sont les meubles et appareils ménagers hors d'usage, de volume supérieur aux conteneurs.

2 Les conséquences des déchets sur l'environnement

La décomposition des déchets va de 3 mois pour le papier à 450 ans pour le plastique. Le verre est indégradable...

• La pollution des sols

Les décharges « sauvages », hors sites organisés, produisent en se décomposant des substances qui pénètrent dans le sol.

• La pollution de l'eau

Les produits de décomposition ou des liquides déversés s'infiltrent dans le sol et les pluies les entraînent vers les rivières et nappes d'eau souterraines.

• La pollution de l'air

Des substances de décomposition volatiles ou des fumées d'origines diverses se retrouvent dispersées dans l'air.

Le tri et la valorisation des déchets

Les décharges sont interdites. Les déchets doivent être triés puis traités. Ils sont détruits par incinération avec si possible récupération d'énergie, c'est le cas du chauffage urbain. Certains déchets sont valorisés, c'est-à-dire réutilisés ou traités pour avoir une deuxième vie, c'est le cas du verre, des plastiques, des métaux, des textiles et papiers...

Un exemple de valorisation :
le recyclage des canettes de boisson et boîtes de conserve

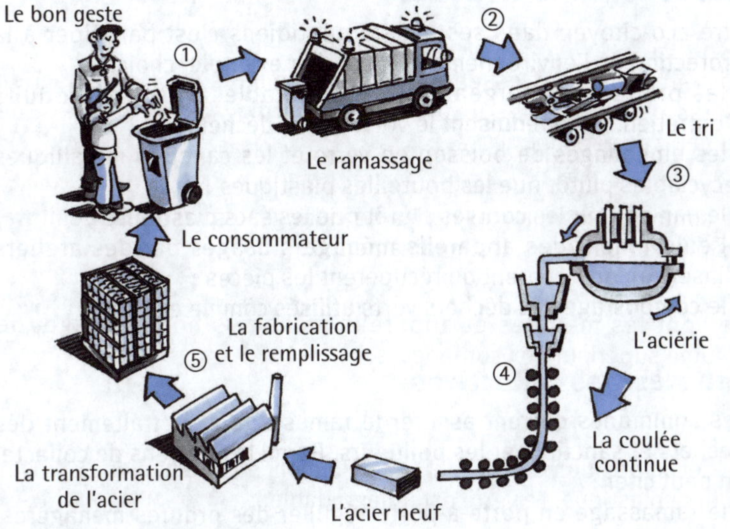

① **Collecte sélective**
En porte-à-porte ou apport volontaire.

② **Tri**
Les emballages en acier et en aluminium sont séparés et stockés.

③ **Mise en Balle**
Aluminium et acier sont emballés et acheminés vers des aciéries.

④ **Recyclage**
Dans les aciéries, la fusion des métaux donne la matière première : l'acier neuf.

⑤ **Deuxième « vie » des emballages**
L'acier neuf transformé redevient boîte, élément de voiture, de vélo...

44 Les déchets et les mesures de protection de l'environnement

Trier à la source et réduire le volume des déchets évite le gaspillage des matières premières, épargne l'environnement, économise de l'énergie…

> **MOTS CLÉS :** *tri sélectif, compostage, éco-poubelles.*

1 Les actions individuelles

Être éco-citoyen dans ses gestes quotidiens c'est participer à la protection de l'environnement. C'est, par exemple, choisir :
– les produits rechargeables et non jetables (rasoirs, produits d'entretien…) qui réduisent le volume des déchets ;
– les emballages de boisson en verre et les canettes métalliques recyclables plutôt que les bouteilles plastiques ;
– le panier pour les courses plutôt que les sacs plastiques ;
– l'enlèvement des appareils ménagers usagés par des ateliers d'insertion qui réparent ou récupèrent les pièces ;
– le compostage des déchets verts utilisés comme engrais.

2 Les mesures collectives

Les communes doivent assurer le ramassage et le traitement des déchets et sanctionner les pollueurs. Parmi les moyens de collecte, on peut citer :
– le ramassage en porte-à-porte régulier des ordures ménagères, des déchets verts, des cartons… ;
– les éco-poubelles distribuées aux ménages et aux immeubles collectifs pour le tri sélectif à la source ;
– les bennes pour le ramassage des « encombrants » ;
– les conteneurs disposés dans les communes pour les papiers, journaux et revues, le verre, les textiles ;
– les déchetteries pour les déchets verts, gravats… des particuliers.

Les signes de protection de l'environnement

Des informations de protection de l'environnement sont écrites sur les emballages et les étiquettes des produits. Des logos et des pictogrammes alertent les consommateurs et les aident dans leurs choix.

Le Point Vert	Les produits recyclés
Présent sur 95 % des emballages, le Point Vert signifie que l'industriel contribue à un organisme spécialisé (Éco-Emballages ou Adelphe) pour qu'un système de valorisation matière (le recyclage) ou énergétique se développe. Par conséquent, pour savoir si un emballage se recycle ou pas, référez-vous au guide du tri de votre collectivité.	Ce pictogramme indique que les matériaux utilisés sont recyclables.
Les matières plastiques	**Le label vert**
Seules les matières plastiques qui portent ce logo sont recyclables.	Écolabel officiel national, il atteste que le produit, à qualité d'usage équivalente, a un impact réduit sur l'environnement, toutes les étapes de son cycle de vie étant prises en compte (fabrication, utilisation, élimination...). NF ENVIRONNEMENT
Logo de consigne	**Éco-label européen**
Le consommateur paie une caution pour l'emballage à l'achat, elle lui est remboursée quand il rapporte l'emballage après utilisation.	Le label « à la fleur » est reconnu dans tous les pays membres de l'Union européenne. Il permet de reconnaître les produits et services plus respectueux de l'environnement, à qualité d'usage équivalente.

45 Les droits du consommateur

La Communauté européenne a publié un programme en faveur des consommateurs. Il énonce cinq droits fondamentaux.

> **MOTS CLÉS :** *droit, protection, réparation des dommages, éducation.*

1 Le droit à la protection de la santé et de la sécurité

Les biens et les services mis à la disposition du consommateur ne doivent présenter aucun danger pour sa santé et sa sécurité lors d'un usage normal et prévisible.

2 Le droit à la protection des intérêts économiques

Le consommateur doit être protégé contre les abus de pouvoir du vendeur, lors de la rédaction des contrats, de la diffusion des messages publicitaires et de la définition des conditions de crédit. Il doit bénéficier d'un service après-vente.

3 Le droit à la réparation des dommages

Le consommateur doit recevoir une assistance s'il subit des dommages liés à l'achat, à l'utilisation d'un produit défectueux ou encore d'un service insuffisant. Il doit recevoir une juste réparation du dommage subi.

4 Le droit à l'information et à l'éducation

L'acquéreur de biens et de services doit disposer d'informations suffisantes, notamment sur la nature, la composition, les quantités et le prix des produits vendus. Dès l'école, l'éducation du consommateur doit être entreprise.

5 Le droit à la représentation

Dans la préparation des décisions le concernant, le consommateur doit être consulté et entendu. Il est représenté par les associations intéressées par la protection et l'information des consommateurs au niveau national.

Le contrat

Le contrat est un document écrit et réglementé. Il doit être rédigé en français de façon claire et compréhensible. Il prévoit les droits et les obligations des contractants : le consommateur et le professionnel.

BATEAU – AUTO – MOTO – ÉCOLE DE CONDUITE ECT
24 rue Perrier 06000 NICE

CONTRAT DE FORMATION — Agrément n° 01776

① Entre les soussignés, École de conduite ECT d'une part,
et *M. Maret Julien, 3 allée des Alizés à Nice* d'autre part,

Il est convenu ce qui suit :

② Article 1er L'école de conduite s'engage à dispenser à l'élève un cycle d'enseignement théorique et pratique couvrant le programme national de formation.

[...]

Article 3 Les leçons de conduite fixées sur le planning de l'école et auxquelles l'élève n'assisterait pas ou qui n'auraient pas été décommandées 48 h à l'avance seront dues.

Article 4 L'élève devra être en possession de son livret d'apprentissage à chaque leçon pratique.
Dans le cas contraire, il serait en infraction et encourrait les sanctions prévues par l'article L. 12 du Code de la route.

[...]

Article 9 L'ensemble des prestations est consenti par l'école moyennant une rémunération totale de 780 euros TTC pour le forfait B25 (frais de dossier, forfait code illimité, 20 heures de conduite, 2 présentations à l'épreuve théorique, 1 présentation à l'épreuve pratique).

Payable en 2 ou 3 fois sans frais soit : *1er acompte de 195 euros à l'inscription*
2e acompte de 195 euros devra être versé le 8 août 2004
3e acompte de 195 euros devra être versé le 8 sept. 2004
Le solde de 195 euros devra être versé le 8 oct. 2004

À Nice le 10 juillet 2004

L'école — L'élève (1)

③ *École ECT* — *lu et approuvé, bon pour accord* *Maret*

(1) Faire précéder la signature de la mention « lu et approuvé, bon pour accord »

① **Les contractants :** le professionnel et le consommateur.

② **Les clauses du contrat :** elles précisent les obligations des contractants.

③ **La signature des contractants :** elle engage les personnes à respecter les clauses du contrat. Il est indispensable de bien lire avant de signer.

46 Les organismes de protection des consommateurs

Différents organismes protègent les consommateurs. Ils veillent à l'application de la réglementation, ils informent sur les démarches à effectuer.

> MOTS CLÉS : *association, fraude, litige.*

1 Les organismes publics

• La DDCCRF

La direction départementale de la consommation, de la concurrence et de la répression des fraudes est présente dans chaque département. Ses agents effectuent des contrôles sur les lieux de production et de distribution. Ils participent au règlement des litiges liés à la consommation et ils agissent auprès des tribunaux en cas de fraude.

• L'INC

L'Institut national de la consommation teste des services et des produits. Les résultats sont publiés dans une revue d'information, *60 millions de consommateurs*. Il participe à l'amélioration des pratiques commerciales, de l'information et de la sécurité des consommateurs.

2 Le mouvement consommateur

Les associations de consommateurs regroupent des consommateurs qui participent au niveau local à l'information, au conseil et à l'aide dans le règlement des litiges. Au niveau départemental, les associations s'organisent en CTRC, centres techniques régionaux de la consommation. Au niveau national, les associations agréées participent aux décisions qui concernent les consommateurs.

3 Les organismes privés

Les entreprises proposent un « service consommateurs » qui informe sur ses produits et qui est à l'écoute des attentes des consommateurs. Au sein de certaines entreprises, un médiateur est chargé de régler les litiges à l'amiable.

La sécurité sanitaire des consommateurs

La sécurité alimentaire et la santé des consommateurs est une priorité pour l'Union européenne. Chaque pays de l'Union européenne est tenu de contrôler la chaîne alimentaire et d'informer les consommateurs.

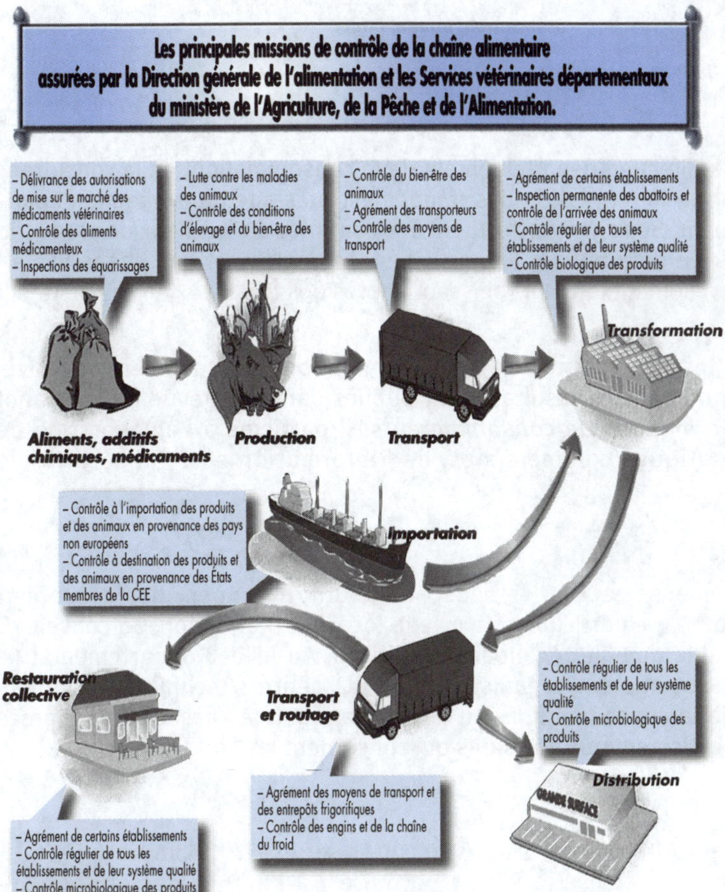

D'après *UNIVERS Santé*, cahier n° 2, mensuel n° 29, avril 1998.

N° éditeur 10117910 - CGI
Dépôt légal : octobre 2004
N° impression : 17690
Imprimé en France par I.M.E. 25110 Baume-les-Dames